电工电子名家畅销书系

图解电动自行车/三轮车维修从入门到精通

第 2 版

洛阳市绿盟电动车维修培训学校　组　编
刘遂俊　主　编
刘伟豪　副主编

机 械 工 业 出 版 社

本书集电动自行车和电动三轮车维修于一体，分"入门篇"和"精通篇"。本书内容依据由浅入深、循序渐进的原则，系统介绍了电动自行车、电动摩托车、电动三轮车的结构原理、各种故障的检修方法、维修流程和维修技巧。重点介绍了电气四大件（充电器、控制器、蓄电池、电动机）与其他附属电子部件的常见故障及维修技巧。这些维修方法与技术来源于实践，具有一定的代表性和典型性，方便读者查找故障原因、故障部位，找到维修捷径。本书内容丰富、知识量大、技术实用、图解维修全过程，可指导初学者快速入门，逐渐精通，最终成为电动车维修的行家里手，也可帮助有一定基础的维修人员进一步提高维修技术。本书可供广大电动自行车和三轮车维修人员学习使用，也可作为职业培训、新农村建设技能培训和电动车维修培训用书。

图书在版编目（CIP）数据

图解电动自行车/三轮车维修从入门到精通/刘遂俊主编. —2 版. —北京：机械工业出版社，2018.7（2025.1 重印）
（电工电子名家畅销书系）
ISBN 978-7-111-59989-0

Ⅰ.①图… Ⅱ.①刘… Ⅲ.①电动自行车—维修—图解②机动三轮车—维修—图解 Ⅳ.①U484.07-64②U483.07-64

中国版本图书馆 CIP 数据核字(2018)第 104859 号

机械工业出版社（北京市百万庄大街 22 号 邮政编码 100037）
策划编辑：张俊红 责任编辑：闾洪庆
责任校对：刘秀芝 王明欣 封面设计：路恩中
责任印制：张 博
北京中科印刷有限公司印刷
2025 年 1 月第 2 版第 9 次印刷
184mm×260mm · 13 印张 · 318 千字
标准书号：ISBN 978-7-111-59989-0
定价：45.00 元

前　言

目前，电动自行车已遍布我国城乡，维修网点遍布大街小巷，而合格的高技术专业维修人员相当缺乏。很多初入行业的维修人员，基础知识相对薄弱，实践经验不够丰富，操作技能有待提高。由于电动车技术的快速发展，新技术、新材料被广泛应用于电动车辆。这就要求维修人员不断掌握电动车辆制造的新动态，不断提高维修技术。为满足广大从事电动车（包括电动自行车、电动摩托车、电动三轮车）专业维修人员的需要，特编写了本书。

本书具有以下特点：

1）内容全面，介绍详细。包括电动自行车、电动摩托车、电动三轮车。在结构上由易到难、由浅入深。首先介绍整车的结构原理等基础知识，再介绍零部件的识读、拆装和接线方法，最后介绍故障现象、故障原因、检测方法和维修技巧。

2）在编写风格上按照先入门、后精通的原则。入门篇首先介绍了目前电动车维修业常规的维修手法：判断故障—更换配件；精通篇重点介绍了充电器、控制器、蓄电池和电动机的内部高级维修技术。

3）化繁为简，形象直观，便于维修人员"对号入座"进行维修。本书将电动车维修各个环节集中整理，以结构图、接线图、检修流程图的形式，对结构原理—接线方法—故障现象—故障原因—维修过程进行阐述，使维修操作步骤简明扼要，通俗易懂。使读者阅读轻松，一看就懂，一学便会，不只是"懂"而且会"做"，真正成为电动车的维修高手。

4）讲解清晰透彻，内容注重实用。本书包含大量的维修现场实物照片，并对图片进行文字标注，真正达到了"以图代解"和"以解说图"的目的。更具实用价值的是，书中还列出了大量的维修实例，以便维修人员参照学习。

5）电动车教学和维修一线名师全程指导。本书由众多行业专家结合多年工作和维修经验编写而成，将复杂的问题简单具体化，使初学者也能快速成为技术能手。

本书由电动车教学和维修一线名师刘遂俊主编，参加编写的人员还有刘伟杰、马利霞、刘伟豪、刘月英、俞宏民、俞晨辉、刘英俊、王彩霞、刘豪杰、刘武杰、丁巧利、李建兴、刘月玲、丁水良、刘月娥、丁慧利、丁少伟、李卫、李凯霖等。本书技术资料由洛阳市绿盟电动车维修培训学校提供，相关的仪器和插图由洛阳市绿盟电子科技开发中心提供，在此表示感谢。

另外，为了便于读者学习和实际工作，本书保留了非标的图形文字符号和名称。书中所标数据均为 DT9205 型数字式万用表的测量结果，特此说明。

广大读者如需维修技术培训及维修仪器可与作者联系，联系方式如下：

洛阳市绿盟电动车维修培训学校

电话：15824994061　网址：www. lydz8. cn

地址：河南省洛阳市廛河区中窑买家街 282 号

编　者

目　录

精 通 篇

入 门 篇

第一章
做好电动自行车、三轮车维修前期准备

第一节　购置电动自行车、三轮车维修工具和仪器

一、准备电动自行车、三轮车维修工具

电动自行车、三轮车维修所需工具如表 1-1 和图 1-1 ~ 图 1-47 所示。

表 1-1　电动自行车、三轮车维修所需工具

序号	型号	用途	单位	数量
1	80W 带灯电烙铁和烙铁架	锡焊工具和放置电烙铁	把	各 1
2	吸锡器	吸去熔化的焊锡	个	1
3	松香或焊锡膏	助焊剂	包	若干
4	焊锡丝	焊料	卷	若干
5	内六方扳手	拆卸转把、刹把	套	1
6	中号两用螺丝刀	日常维修拆卸螺栓	个	1
7	大号十字螺丝刀或电动螺丝刀	日常维修拆卸螺栓	个	1
8	可砸螺丝刀	日常维修拆卸螺栓，可以使用锤子击打	个	1
9	冲击螺丝刀	日常维修拆卸螺栓	个	1
10	6 ~ 8mm 开口扳手	日常维修拆卸螺母	个	1
11	8 ~ 10mm 开口扳手	日常维修拆卸螺母	个	1
12	10 ~ 12mm 开口扳手	日常维修拆卸螺母	个	1
13	14 ~ 17mm 开口扳手	日常维修拆卸螺母	个	1
14	16 ~ 18mm 开口扳手	日常维修拆卸螺母	个	1
15	17 ~ 19mm 开口扳手	日常维修拆卸螺母	个	1
16	19 ~ 21mm 开口扳手	日常维修拆卸螺母	个	1
17	8 ~ 13mm 套筒扳手	拆卸螺栓、螺母	个	1
18	10 ~ 250mm 活动扳手	拆卸前后轴螺母	个	1
19	8 号尖嘴钳	日常维修	把	1
20	8 号斜嘴钳	剪断导线	把	1
21	8 号老虎钳	日常维修	把	1
22	剥线钳	剥去导线塑料外皮	把	1

（续）

序号	型号	用途	单位	数量
23	管子钳	拆卸圆管或五件碗	把	1
24	水泵钳	拆卸圆管或五件碗	把	1
25	钢丝钳	剪断多余的刹车线	把	1
26	卡簧钳	拆卸电动机轴上的卡簧	把	1
27	AB胶	粘接霍尔元件或塑件	盒	若干
28	铁、皮手锤	日常维修	个	各1
29	壁纸刀	日常维修	把	1
30	扒胎工具	扒胎专用	个	2
31	胶水、冷补胶片	粘补内胎	盒	若干
32	气嘴工具	拆装气嘴专用	个	1
33	电动搓胎工具	插上电动车电源搓净内胎	个	1
34	修补真空胎工具和胶条	修补真空胎专用	套	1
35	拆卸真空胎工具	拆卸真空胎专用	个	1
36	手电钻	钻孔及拆卸螺栓	个	1
37	拉力器	拆卸轴承	个	1
38	热熔胶枪和塑料胶条	塑料焊接和蓄电池板柱、插件打胶	把	1
39	700W带风塑料焊枪	塑料焊接及拆卸集成电路	个	1
40	打气筒或电动气泵	内胎充气	个	1
41	钢锯	日常维修	个	1
42	自制活动维修支架	维修时支起电动自行车后轮	个	1
43	脚拐接力器	拆卸脚拐专用	个	1
44	链条拆装器	拆装链条专用	个	1
45	冲击螺丝刀	拆装螺栓	个	1
46	电气PVC胶带	包括导线	卷	若干
47	尼龙扎带	包扎导线	包	若干
48	角磨机	切卸生锈螺栓或铁棒	个	1
49	小型电焊机	焊接铁件	台	1
50	飞轮扳手	拆卸刹车盘专用	个	1
51	自制三轮车后桥支架或千斤顶	维修三轮车支起后桥	个	1
52	剪刀	剪断导线	把	1
53	自制小针	取出电动车插件，维修人员可以使用旧车条自制	个	1

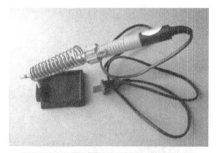

图1-1　80W带灯电烙铁和烙铁架

图1-2　吸锡器

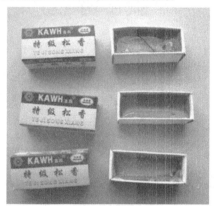

图1-3　松香

图1-4　焊锡膏

图1-5　焊锡丝

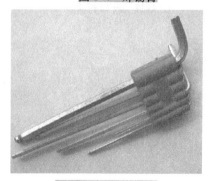

图1-6　内六方扳手

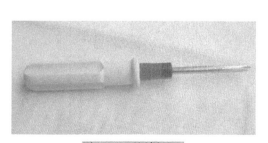

图1-7　两用螺丝刀

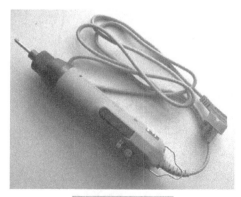

图1-8　电动螺丝刀

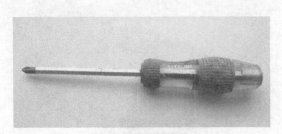

图 1-9　可砸螺丝刀

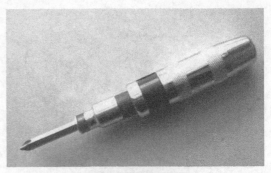

图 1-10　冲击螺丝刀

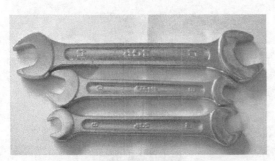

图 1-11　开口扳手

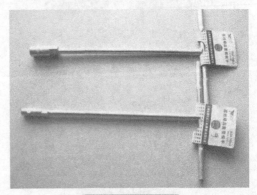

图 1-12　套筒扳手

图 1-13　活动扳手

图 1-14　尖嘴钳

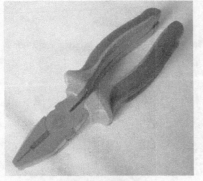

图 1-15　老虎钳

图 1-16　斜嘴钳

图1-17 剥线钳

图1-18 管子钳

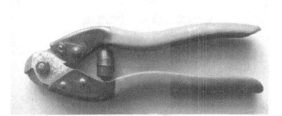

图1-19 钢丝钳

图1-20 卡簧钳

图1-21 AB胶

图1-22 手锤

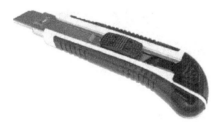

图1-23 壁纸刀

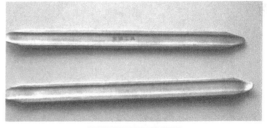

图1-24 扒胎工具

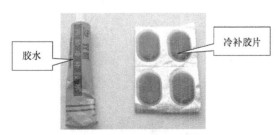

图1-25 胶水和冷补胶片

图1-26 气嘴工具

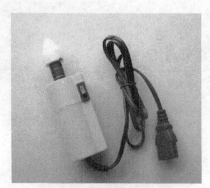

图1-27 电动搓胎工具

图1-28 修补真空胎工具

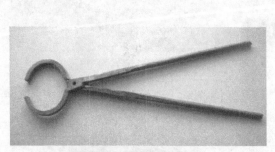

图1-29 拆卸真空胎工具

图1-30 手电钻

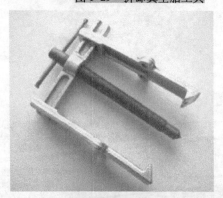

图1-31 拉力器

热熔胶枪

塑料胶条

图1-32 热熔胶枪和塑料胶条

图1-33 700W带风塑料焊枪

图1-34 电动气泵

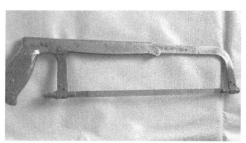

图 1-35 钢锯

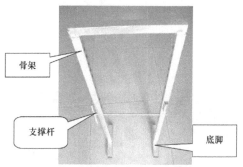

骨架

支撑杆

底脚

图 1-36 自制活动维修支架

图 1-37 脚拐接力器

图 1-38 链条拆装器

图 1-39 电气 PVC 胶带

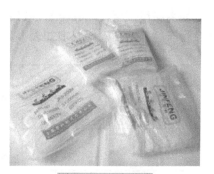

图 1-40 尼龙扎带

图 1-41 角磨机

图 1-42 电焊机

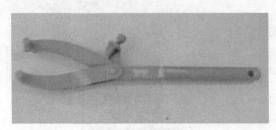

图1-43 飞轮扳手

图1-44 自制三轮车后桥支架

图1-45 千斤顶

图1-46 剪刀

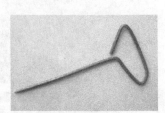

图1-47 自制小针

二、掌握电动自行车、三轮车检修仪表使用技巧

电动自行车、三轮车检修仪表如表1-2所示。

表1-2 电动自行车、三轮车检修仪表

序号	型号	用途	单位	数量
1	数字式万用表	测量交直流电压、电流；及电阻、导线通断	个	任选1台
2	指针式万用表	测量交直流电压、电流；及电阻、导线通断	个	
3	蓄电池容量检测表	检测蓄电池容量、内阻	个	1
4	"绿盟"牌LY-2无刷电动车综合检测仪	检测无刷电动机霍尔元件、线圈好坏；检测电动机电角度；检测转把、控制器好坏	个	1
5	"绿盟"牌LY-3电动车四大件检测仪	检测充电器电压、电流和转灯电流，检测电动机、控制器工作电流	台	1
6	"绿盟"牌LY-5蓄电池容量检测放电仪	12V蓄电池容量检测放电，可以深放电	台	任选1台
7	"绿盟"牌16V蓄电池检测放电仪	16V蓄电池容量检测放电	台	
8	"绿盟"牌LM-2电动车快速充电站	电动自行车、三轮车快速充电	台	任选1台
9	"绿盟"牌LM-3电动车快速充电站	电动自行车、三轮车快速充电	台	
10	"绿盟"牌LM-4电动车快速充电站	电动自行车、三轮车快速充电	台	

（一）数字式万用表的使用技巧

1. 数字式万用表简介

数字式万用表是近年来广泛使用的测量仪表，它具有读数直观方便、测量精确等优点。数字式万用表可测量电压、电流、电阻、二极管、三极管、电容、MOS 场效应管和导线的通断。初学者在维修时使用数字式万用表较为方便，因为其读数直观方便，表笔测反，万用表不会损坏，也不影响读数。下面以 DT9205 型数字式万用表为例说明其使用方法。其外形如图 1-48 所示。

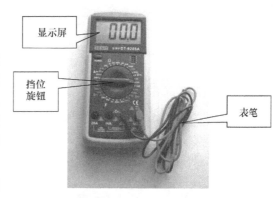

图 1-48　DT9205 型数字式万用表外形

2. 电压的测量技巧

（1）直流电压的测量

例如蓄电池、干电池等。首先将黑表笔插进"COM"孔，红表笔插进"V/Ω"。把旋钮旋到比估计值大的量程，接着把表笔接直流电源或蓄电池两端；保持接触稳定。万用表数值可以直接从显示屏上读取，若显示为"1"，则表明超过量程，应加大量程。如果在数值左边出现"–"，则表明表笔极性与实际电源极性相反，此时红表笔接的是负极。12V 蓄电池直流电压的测量示意图如图 1-49 所示。

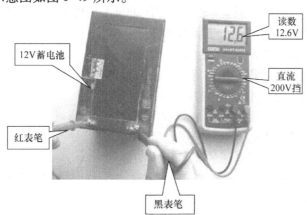

图 1-49　12V 蓄电池直流电压的测量示意图

专家指导

　　测量电压时表笔与被测电源并联，表盘上的数值均为最大量程，"V–"表示直流电压挡，"V～"表示交流电压挡，"A–"表示直流电流挡，"A～"表示交流电流挡。无论测交流还是直流电压，都要注意人身安全，不要随便用手触摸表笔的金属部分。

（2）交流电压的测量

表笔插孔与直流电压的测量一样，不过应该将旋钮打到交流挡"V～"处所需的量程。交流电压无正负之分，测量方法与直流电压测量方法相同。交流电压的测量示意图如图1-50所示。

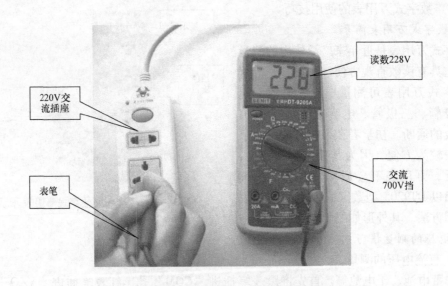

图 1-50 交流电压的测量示意图

3. 电流的测量技巧

(1) 直流电流的测量

先将黑表笔插入"COM"孔。若测量大于 200mA 的电流，则要将红表笔插入"20A"插孔并将旋钮打到直流"20A"挡；若测量小于 200mA 的电流，则将红表笔插入"200mA"插孔，将旋钮打到直流 200mA 以内的合适量程。调整好后，就可以测量了。将万用表红黑表笔串联在电路中，保持稳定，即可读数。若显示为"1"，则说明超过量程，那么就要加大量程；如果在数值左边出现"-"，则表明电流从黑表笔流进万用表。直流电流的测量示意图如图 1-51 所示。

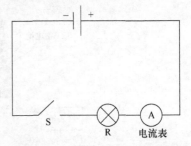

图 1-51 直流电流的测量示意图

(2) 交流电流的测量

测量方法与直流电流相同，不过挡位应该打到交流挡位。

重点提示

电流测量完毕后应将红表笔插回"V/Ω"孔，否则，会造成电路短路或损坏万用表。

4. 电阻的测量技巧

将表笔插进"COM"和"V/Ω"孔中，把旋钮打到"Ω"挡中所需的量程，将表笔接在电阻两端金属部位，测量中可以用手接触电阻，但不要把手同时接触电阻两端，这样会影响测量精确度。读数时，要保持表笔和电阻有良好的接触。注意单位：在"200"挡时单位是"Ω"，在"2k"到"200k"挡时单位是"kΩ"，"2M"以上的单位是"MΩ"。电阻的测量示意图如图 1-52 所示。

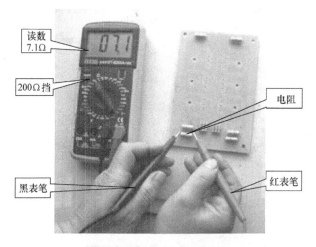

图 1-52 电阻的测量示意图

专家指导

① 测量电阻时，由于电阻无正负极之分，表笔可任意放在电阻两端。

② 测量电动机绝缘用高阻挡一相对地，电阻值越大，电动机绝缘就越好，电阻值小或是 "0" 说明电动机有问题。

③ 当测量线路中的电阻时，一定要关闭电源，否则会损坏万用表。

5. 半导体二极管的测量技巧

首先，将黑表笔插入 "COM" 插孔，红表笔插入 "V/Ω" 插孔（红表笔极性为 "+"），将挡位开关置于 "⊬" 挡，然后将表笔分别测量二极管正、反向电阻值，读取读数。半导体二极管测量示意图如图 1-53 所示。

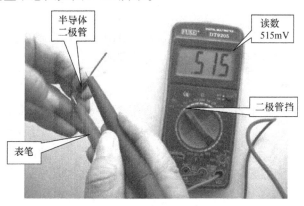

图 1-53 半导体二极管测量示意图

6. 蜂鸣器挡测量技巧

将挡位开关拨到蜂鸣器测量的挡位上，将红黑表笔放在要检查的导线两端，如果内置蜂鸣器发声，并且读数为 0，表示导线相通；如果万用表读数为 1，则表示导线断路。蜂鸣器挡导线通断测量示意图如图 1-54 所示。

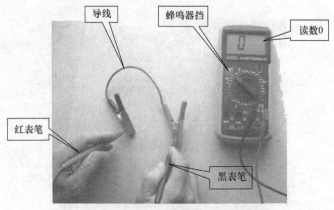

导线　蜂鸣器挡　读数0

红表笔　黑表笔

a)万用表读数为0

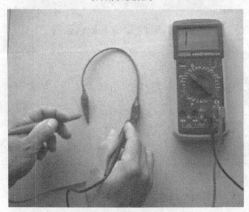

b)万用表读数为1

图 1-54　导线通断测量示意图

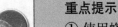

重点提示

① 使用蜂鸣器挡测量线路时，应断开电源进行，否则会损坏万用表。

② 使用蜂鸣器挡测量时读数前一位是零即可，后几位是误差，可不读。

专家指导

① 数字式万用表是一台精密电子仪器，不要随意更换线路。

② 当显示"⊟﹢"符号时，表示表内蓄电池电压低于工作电压，应更换万用表内9V蓄电池。电池更换方法：使用十字螺丝刀，旋出仪表背面后盖或电池门的螺钉，取下后盖或电池门，取出9V电池，即可更换。9V电池更换示意图如图1-55所示。

③ 更换表内电池和保险管需在切断电源及终止所有测量工作后进行。

④ 在表内电池没有装好或后盖没有上紧时，请不要使用此表。

⑤ 在测量的过程中，绝对禁止旋转功能转换开关，以避免机内打火，损坏仪表。

⑥ 禁止在测量高电压（220V以上）或大电流（0.5A以上）时换量程，以防止产生电弧，烧毁开关触点。

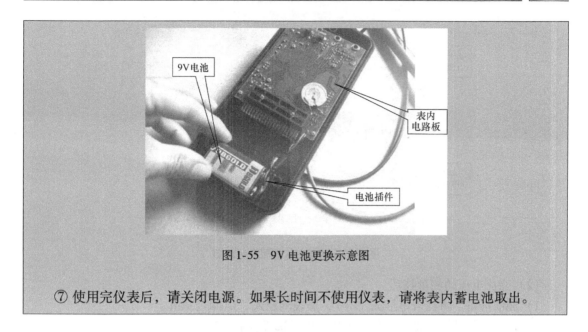

图 1-55　9V 电池更换示意图

⑦ 使用完仪表后，请关闭电源。如果长时间不使用仪表，请将表内蓄电池取出。

（二）指针式万用表的使用技巧

1. 指针式万用表简介

指针式万用表是一种多量程的磁电式测量仪表。指针式万用表可测量交流电压、直流电压、交流电流、直流电流、电阻、二极管、三极管等，有的还可以测电容量、电感量、音频电平的一些参数。下面以 MF - 47 型指针式万用表为例进行说明。其外形如图 1-56 所示。

2. 电压的测量技巧

（1）直流电压的测量技巧

1）测前准备。将红表笔插入"＋"，黑表笔插入"COM"插孔。

2）估值。估计被测量电压的最大值，然后选择合适量程。

3）测量。用红表笔接直流电的正极，黑表笔接直流电的负极。

4）读数。读取刻度盘上的第二条刻度线。

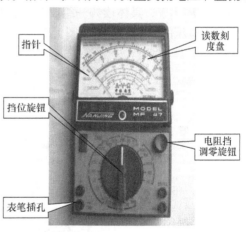

图 1-56　MF - 47 型指针式万用表外形

该刻度线下面有 3 组读数，分别是 0 ~ 250V、0 ~ 50V、0 ~ 10V，具体读哪一组读数，要看转换开关指示在哪个刻度。

直流电压的测量示意图如图 1-57 所示。

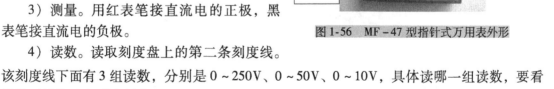

专家指导

指针式万用表测量直流电压时，红表笔一定要接直流电源的正极，黑表笔一定要接直流电源的负极，否则既不能读数，也会损坏万用表的指针。

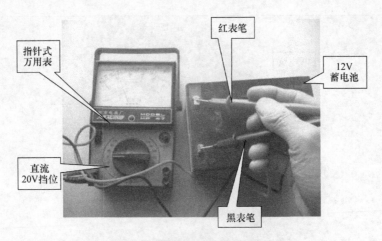

图 1-57　直流电压的测量示意图

（2）交流电压的测量技巧

1）测前准备。将红表笔插入"＋"，黑表笔插入"COM"插孔。

2）估值。估计被测量电压的最大值，然后选择合适量程。

3）测量。测量交流电压时，可将红黑表笔任意并联放置在被测交流电源两端，因为交流电是无正负极性的。

4）读数。读取刻度盘上的第二条刻度线。该刻度线下面有 3 组读数，分别是 0～250V、0～50V、0～10V，具体读哪一组读数，要看转换开关指示在哪个刻度。

交流电压的测量示意图如图 1-58 所示。

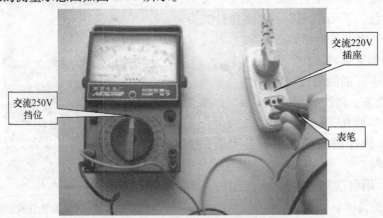

图 1-58　交流电压的测量示意图

3. 电流的测量技巧

（1）直流电流的测量技巧

1）测前准备。将红表笔插入"5A"，黑表笔插入"COM"插孔。

2）估值。估计被测量电流的最大值，然后选择合适量程。

3）测量。将红黑表笔串联在电路中，用红表笔接直流电的进线，黑表笔接直流电的出线，即让电流从"＋"表笔流入，从"－"表笔流出。若表笔接反，表头指针会反方向偏转，容易撞弯指针。

4）读数。读取刻度盘上的第二条刻度线。该刻度线下面有 3 组读数，分别是 0～250、0～50、0～10，具体读哪一组读数，要看转换开关指示在哪个刻度。例如，如果挡位开关指向 500mA，表盘刻度应看 250 一组，这时读取的读数要乘以 2 倍，才是实际读数。

专家指导
　　指针式万用表测量直流电流时，红表笔一定要接直流电源的进线，黑表笔一定要接直流电源的出线，否则既不能读数，也会损坏万用表的指针。

（2）交流电流的测量技巧

交流电流的测量与直流电流的测量方法基本一样，所不同的是，测量交流电流时，由于交流电流无极性，万用表表笔可任意放置。

4. 电阻的测量技巧

1）测前准备。将红表笔插入"＋"，黑表笔插入"COM"插孔。

2）估值。估计被测量电阻的最大值，或观察电阻器上的标称阻值。

3）选择合适量程并进行调零。欧姆调零方法：测量电阻之前，应将两个表笔短接，同时调节欧姆调零旋钮，使指针刚好指在欧姆刻度线右边的零位。如果指针不能调到零位，则说明表内 1.5V 电池电压不足或仪表内部有问题。并且每换一次倍率挡，都要再次进行欧姆调零，以保证测量准确。

4）测量。将红黑表笔分别接在电阻的两端，由于电阻无极性，红黑表笔可任意放置。

5）读数。读取刻度盘上的第一条刻度线，表头的读数乘以倍率，就是所测电阻的电阻值。具体读数，要看转换开关指示在哪

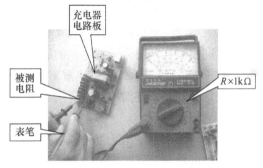

图 1-59　指针式万用表电阻的测量示意图

个刻度。例如，挡位开关指向 1kΩ，读数指向 5，这时读取的读数为 5×1000＝5000，那么电阻的实际读数为 5kΩ。

指针式万用表电阻的测量示意图如图 1-59 所示。

专家指导
　　1）指针式万用表在路测量电阻时，一定要断开电源，否则会损坏万用表内电路。
　　2）表内电池和保险管更换：
　　① 表内电池更换
　　指针式万用表没有开关，万用表不使用时，一般将转换开关置于交流 250V 挡位即可。如果将表笔置于电阻挡，万用表在放置时，当两只表笔相碰时，万用表开始工作，时间久了，会造成表内电池亏电，使电阻挡测量不准确，此时，应更换表内 1.5V 电池。
　　② 表内保险管更换
　　在测量时，如果误用电阻挡测量电压，则会造成表内保险管损坏，应更换

同型号的保险管。

3）指针式万用表使用注意事项：

① 在测电流、电压时，不能带电换量程。

② 选择量程时，要先选大的，后选小的，尽量使被测值接近于量程。

③ 测电阻时，不能带电测量。因为测量电阻时，万用表由内部电池供电，如果带电测量则相当于接入一个额外的电源，可能损坏表头。

④ 指针式万用表使用后，应将转换开关放在交流电压最大挡位或空挡上。

⑤ 指针式万用表不使用时，应水平放置，不能接近强磁场，更不能将万用表跌落在地上，以防损坏表头。

（三）蓄电池容量检测表的使用技巧

下面以 FY－54B 型蓄电池容量检测表为例说明其使用技巧。

1. 蓄电池容量检测表简介

蓄电池容量检测表是一种便携式检测蓄电池的仪表，又称内阻表。它可以测量各种规格的汽车蓄电池和其他用途铅蓄电池的容量状态。蓄电池容量检测表表盘有"充足""正常""重充""放完"等显示，可以直观对蓄电池做出质量判断。外壳下方由测试夹、触头等组成。有白、绿、黄、红四种颜色分别表示"充足""正常""重充""放完"。此表可测试单只 6～12V 蓄电池。

本产品与蓄电池配用还可检查汽车的前灯开关、尾灯开关、继电器开关、启动开关等各种电器开关的质量。

FY－54B 型蓄电池容量检测表外形如图 1-60 所示。

2. 结构特点

本产品由直流电压表、负载电阻、外壳和测试夹、触头等组成，仪表刻度表盘有各种蓄电池的容量状态指示，以白、绿、黄、红四种区域颜色分别表示"充足""正常""重充""放完"。仪表正面附有各种汽缸容积的汽车发动机所需蓄电池规格的对照牌，供用户参考。仪表刻度表盘如图 1-61 所示。

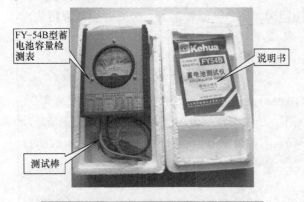

图 1-60　FY－54B 型蓄电池容量检测表外形

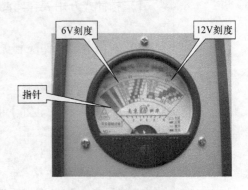

图 1-61　仪表刻度表盘

3．技术参数

1）被测蓄电池额定电压：2V、6V、12V。

2）被测蓄电池额定容量：2～150Ah。

3）外形尺寸：210mm×124mm×68mm。

4）质量：约0.82kg。

4．使用技巧

使用前应先检查仪表指针是否指在刻度表盘左端的零位上，如不指在零位，则可旋转表盖中部的调零器，使指针调在零位。

（1）蓄电池测试

将仪表的夹子接蓄电池负极，红色表棒接蓄电池正极，测试2V单格蓄电池时读视左端0～2.5刻度（数字表示伏特数）。

测试6V蓄电池时按不同的容量读视6V箭头所指的六条刻度（刻度旁数字系蓄电池的容量范围，如120Ah等）。测试12V蓄电池则按不同的容量读视12V箭头所指的五条刻度。测试12V蓄电池示意图如图1-62所示。

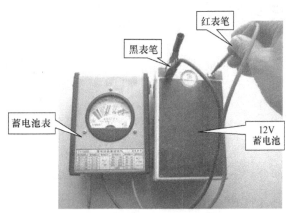

图1-62　测试12V蓄电池示意图

当所测蓄电池的额定容量和仪表刻度表盘上所列有出入时，可选读相近的刻度。如果测试150Ah的蓄电池时，读视120（6V）或100～120（12V）刻度。

（2）开关检测

检查汽车上的各种开关质量时，将仪表和开关串接于蓄电池正负极间，将此时的指示刻度与撤去开关后的刻度（即分别在A、B点测量）相比，如果相差3格刻度以上，表示开关质量不好。读视表盘中下部的0～10刻度。

专家指导

① 每次测试时间不得超过5s。

② 蓄电池液体不足时不能测试。

③ 检测表左下端的小黑夹子与大黑夹子同为负极，测试时也可用该触头测量。

④ 使用此表对蓄电池进行检测，必须在蓄电池容量在一半以下，或欠电压时才能检测准确。

⑤ 检测蓄电池时注意测试仪散热孔附近的温度变化以免烫手。

⑥ 严禁将12V测试仪测试串联24V、36V或48V电路，以防烧表。

（四）"绿盟"牌LY-2无刷电动车综合检测仪使用技巧

下面以"绿盟"牌LY-2无刷电动车综合检测仪为例说明其使用技巧。

1. 产品概述

1) 外形尺寸：15cm×9.5cm×7.5cm。

2) 本机首次采用微电脑控制芯片，可以对转把、助力传感器、无刷控制器、电动机线圈、电动机霍尔元件检测，是维修电动车的必备工具。

LY-2无刷电动车综合检测仪外形如图1-63所示。外部连接线插件功能如图1-64所示。

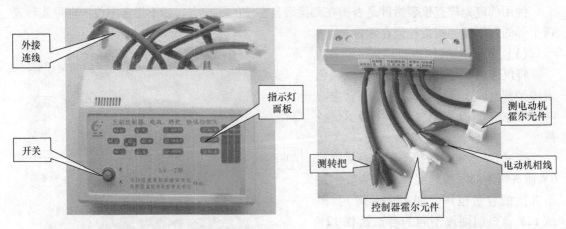

图1-63　LY-2无刷电动车综合检测仪外形　　　　图1-64　外部连接线插件功能

2. 转把、助力传感器的检测和故障识别的操作技巧

（1）转把检测

连接被测转把时请先不要打开红色开关，把被测转把上的三根线与仪器上的"测转把"连接，连接一定要确认好转把上的三根线，即红色接红色，黑色接黑色，绿色接其他一根，然后打开仪器红色开关，缓缓转动转把，如果看到面板上"测转把"灯从不亮至渐渐变得最亮，这是一个正转，并且完好。如果灯从亮到不亮，则为反转把，并且完好。转把检测示意图如图1-65所示。

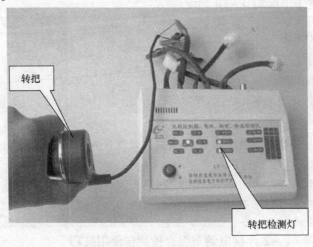

图1-65　转把检测示意图

如果检测时，发现"测转把"灯一直亮，则说明转把内霍尔元件击穿；若出现微亮，则说明转把内霍尔元件截止不彻底，不能使用。若调节转把"测转把"灯一直没有变化，则说明转把内部磁铁脱落或者霍尔元件损坏。

（2）助力传感器检测

检测助力传感器与检测转把方法基本相同，把助力传感器三根线与面板的测转把三根线相连，然后转动脚蹬，会发现"测转把"灯不停闪烁，若不亮或一直亮，则助力传感器与塑料磁盘有距离或者助力传感器内霍尔元件损坏。

3. 无刷控制器检测及故障识别的操作技巧

（1）连接控制器

1）将本仪器中"控制转把线"与控制器转把线连接。

2）将本仪器中"控制器霍尔线"与控制器霍尔线对接。

3）将本仪器中"电动机、控制器公用相线"与控制器三根相线连接。

（2）检测控制器

1）确认控制器与本检测仪连接正确后打开电动车电源，此时观察面板中"控制5V"灯是否点亮，如果不亮，则可断定控制器没有5V输出，则控制器坏；如果"控制5V"灯有规律地闪烁，则可以断定控制器5V输出正常，可进行下一步的操作。

2）顺时针慢慢旋转转把，此时观察检测仪面板左侧HA、黄、HB、绿、HC、蓝这六个灯（HA、黄为一组，HB、绿为一组，HC、蓝为一组）是否交替闪亮，如果灯都不亮，则说明控制器已经损坏，如果一组灯不亮，则说明控制器上与灯对应的相线没有输出（仪器引出线与面板所标颜色相对应），需要检修控制器对应部分，一般为MOS管损坏。如果三组灯交替闪烁，则看其亮度是否随面板调节旋钮转动而有所变化（由不亮到亮，亮暗区分），若有变化，则正常；若无变化，则为控制器控制部分失控。

控制器检测示意图如图1-66所示。

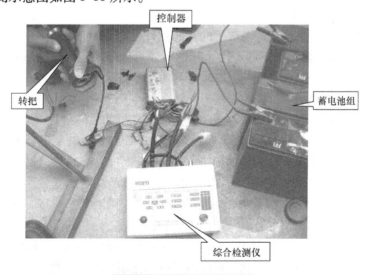

图1-66　控制器检测示意图

4. 检测无刷电动机的故障及自动识别相位角操作技巧

（1）电动机绕组检测

　　用本测试仪的"电动机、控制器公用相线"的三只夹子分别连接电动机引出的三根相线（通常电动机引出线为蓝、绿、黄粗线），无须考虑颜色和顺序，可以随意连接，然后顺时针转动电动机（沿电动车正常的前进方向转动），可以看到测试仪上第一排三个指示灯（LED）点亮且闪烁，这样即为正常；如果有一个、两个或三个不亮，即为有故障，其中哪个指示灯不亮，说明这一组绕组有故障或者有接触不良。

　　（2）电动机霍尔元件检测

　　用本测试仪的六芯插头连接好电动机的六芯插件（电动机的五根细线，颜色为红、黑、蓝、绿、黄），除了红、黑必须正确连接以外，其他可以随意连接，然后缓缓顺时针转动电动机（沿电动车正常的前进方向），可以看到测试仪的第二排三个指示灯（LED）交替发光，说明电动机霍尔元件正常；如果有一个、两个或三个指示灯一直不亮或者一直亮，则说明这一组霍尔元件有故障或者接触不良。电动机霍尔元件检测示意图如图1-67所示。

综合检测仪

无刷电动车

霍尔元件检测灯

图1-67　电动机霍尔元件检测示意图

　　（3）电动机相位角检测

　　用本测试仪的六芯插头连接好电动机的六芯插件（电动机的五根细线，颜色为红、黑、蓝、绿、黄），除了红、黑必须正确连接，其他引线可以随意连接，然后观察仪器上的60°指示灯，灯亮为60°电动机，灯不亮为120°电动机（不需转动电动机）。

　　（4）电动机相序检测

　　1）60°电动机。用本测试仪的六芯插头连接好电动机的六芯插件（电动机的五根细线，颜色为红、黑、蓝、绿、黄），除了红、黑必须正确连接以外，其他可以随意连接，然后缓缓顺时针转动电动机（沿电动车正常的前进方向转动），可以看到测试仪的第二排三个指示灯（LED）交替发光，且从左到右 Ha、Hb、Hc 三个指示灯状态变化为 100～110～111～011～001～000 六个状态循环，如果状态变化顺序相反，则随意换掉黄、绿、蓝中的任意两根引线（此时如果缓缓顺时针转动电动机，可以发现从左到右 Ha、Hb、Hc 三个指示灯状态变化为正确状态，顺序为 100～110～111～011～001～000 六个状态循环）。此时记住测试仪蓝、绿、黄三根细线的正确顺序状态对应电动机的三根细线的颜色顺序，此颜色顺序即为霍尔 Ha、Hb、Hc 的相序。

　　2）120°电动机。用本测试仪的六芯插头连接好电动机的六芯插件（电动机的五根细线，颜色为红、黑、蓝、绿、黄），除了红、黑必须正确连接以外，其他可以随意连接，然后缓缓顺时针转动电动机（沿电动车正常的前进方向），可以看到测试仪的第二排三个指示灯（LED）交替发光，且从左到右 Ha、Hb、Hc 三个指示灯状态变化为 100 ~ 110 ~ 010 ~ 011 ~ 001 ~ 101 六个状态循环，如果三个指示灯状态变化顺序相反，则随意调换蓝、绿、黄中任意两根引线（此时如果缓缓顺时针转动电动机，可以发现从左到右 Ha、Hb、Hc 三个指示灯状态变化为正确状态，顺序为 100 ~ 110 ~ 010 ~ 011 ~ 001 ~ 101 六个状态循环）。此时记住测试仪黄、绿、蓝三根细线的正确顺序状态对应电动机的三根细线的颜色顺序，此颜色顺序即为霍尔 Ha、Hb、Hc 的相序。

> **专家指导**
> ① 仪器使用时，请不要用力拉拔本测试仪的插头线。
> ② 请不要将仪器放置在高温的地方。
> ③ 尽量不要让测试仪导线沾染油腻等腐蚀性物品。
> ④ 无辨别能力的人和小孩禁止操作仪器。
> ⑤ 本说明中的"0"表示关或不亮，"1"表示开或亮。
> ⑥ 仪器不用时请关闭本仪器上的开关，使用时打开开关（测量电动机绕组时无须打开开关，只有在测量电动机霍尔元件和电动机相序时才需要打开开关）。

（五）"绿盟"牌 LY – 3 电动车四大件检测仪使用技巧

1. 产品概述

电动车四大件检测仪是集检测充电器、控制器、电动机、蓄电池合四为一的检测仪器，专业全面检测引起电动车里程不足的各种因素。本产品功能齐全、性能优越、操作简单、携带方便，本产品很大程度上提高了电动车经销商的售后服务质量。"绿盟"牌 LY – 3电动车四大件检测仪外形如图 1-68 所示。

2. 技术参数

1）显示电源：DC5V ± 1V。

2）显示电源：≤ ±80mA。

3）采样速率：5 次/s

4）显示数码管：0.56 英寸。

5）零点显示：自稳定。

6）超限显示：EEE 或 – EEE。

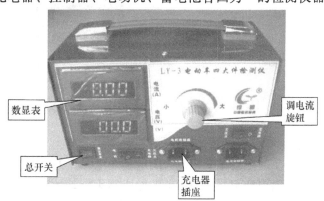

图 1-68 　"绿盟"牌 LY – 3 电动车四大件检测仪外形

3. 使用方法

LY – 3 型电动车四大件检测仪面板功能如图 1-69 所示。

（1）检测充电器性能

1）开启显示开关 1，调节 6 至最小位置。

2）充电器接上交流220V，输出插头接入3，8显示充电器静态电压（触发式充电器不显示电压）；2、5均切换在充电器挡位，7显示充电电流，8显示充电电压。

3）触发性充电器及需要知道充电器最大电流。4接入极性一致的蓄电池组（电池不欠充），2切换在电动机挡位，7显示充电器最大充电电流值。触发性充电器2切换到充电器挡位，7显示充电电流。

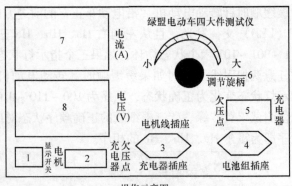

图1-69 LY-3型电动车四大件检测仪面板功能

4）调节6就能测定该充电器是否转绿灯及转绿灯前后充电器的电流、电压参数。

检测充电器性能示意图如图1-70所示。

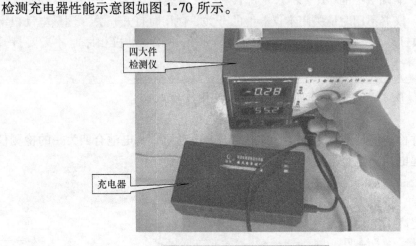

图1-70 检测充电器性能示意图

（2）检测控制器欠电压保护点

1）支起电动车支架，关闭电动车电源开关。

2）蓄电池组与控制器电源输入插头分离（断开），开启显示开关1。

3）蓄电池组接入4，控制器电源输入插头接入3，2、5均切换在欠压点挡位，8显示蓄电池组电压，7显示为零。

4）开通电动车电源开关，7显示的电流值即电动车开锁电流。

5）调节6至最大后，慢慢转动电动车转把，7显示的电流值逐渐上升，8显示的电压值逐渐下降，直至电动车控制器断电。由于蓄电池容量足控制器是不断电的，此时从大到小调节6直至控制器断电，8显示的电压即该控制器欠电压保护点。

（3）检测电动机电流

1）支起电动车支架，关闭电动车电源开关。

2）蓄电池组与控制器电源输入插头分离，开启显示开关1。

3）蓄电池组接入 4，控制器电源输入插头接入 3，2 切换在电动机挡位，8 显示蓄电池组电压值，7 显示为零。

4）开通电动车电源开关，7 显示的电流值即电动车开锁电流。

5）转动电动车转把至转速最大，7 显示的电流值即电动机空转电流。

6）放下支架，电动车负载起动，7 显示的电流值即电动机起动电流。

7）无坡度，电动车保持行驶速度最大，7 显示的电流即电动机平行电流。

8）电动车加重负载（或顶墙）至控制器断电保护，7 显示的电流值即控制器限流保护点。

（4）检测蓄电池

1）开启显示开关 1。

2）2 切换在电动机挡位（非常重要），充满电量的蓄电池组接入 4，放电电阻（或电炉丝）接入 3，8 显示电压值，7 显示放电电流。

3）根据需要调节放电电阻确定放电电流值，放电过程保持放电电流值，蓄电池的放电时间就确定了蓄电池容量。

4. 注意事项

1）本仪器为精密电子仪器，要放置在通风良好的桌面上使用。

2）蓄电池在检测过程中会放出热量，仪器散热孔不能被堵住，以免影响通风散热，造成仪器损坏。

3）仪器内置有可充电池，随机配送有充电器，可对仪器内电池进行充电。如果发现仪器面板上的仪表显示较暗，则应及时用随机充电器对仪器内电池补充充电。

（六）"绿盟"牌 LM-2 路投币式电动车快速充电站使用技巧

"绿盟"牌 LM-2 路投币式电动车快速充电站外形如图 1-71 所示。

1. 产品概述

1）外形尺寸及质量：32cm × 14cm × 50cm，12kg。

2）投币式电动车快速充电站是一款具有液晶显示，充电过程全程语音提示，以及 LED 显示模块的快速充电设备。该设备适用于电动自行车、电动三轮车、电动汽车铅酸蓄电池快速充电，可同时对 2 辆电动车进行快速充电。投币一元充电 10min，骑行 15~20min，耗电 0.1kWh，能快速有效解决电动车中途没电推行的困难。

图 1-71 LM-2 路投币式电动车快速充电站外形

3）该充电站无须专人值守，是适合商场、报亭、小区、电动车维修部、蓄电池维修部的便民服务设施。小设备，耗电省，好回报。

2. 技术指标

1）充电路数：2 路。

2）输入交流电压：220V ± 20V。

3）交流保险：15A。

4）蓄电池充电电压：80V/72V/60V/48V/36V 自动识别。

5）单路最大输出电流：10A。

6）空载功率：8W，最大功率：1000W。

7）设有保险装置，具有过载保护功能。

8）安装使用方便，具备 220V 交流电源即可安装。

9）具有识别真假币、防钓币、防伪币功能。

> **专家指导**
>
> ① 充电站不插蓄电池工作时，输出端子无电压。
>
> ② 单路每次充电完毕后，必须等电压表归零后，再进行第二次充电，以免造成仪器损坏。如果充电中途中断充电，则应关闭总电源开关，然后再打开，才能进行下次充电。
>
> ③ 充电站只能作为应急补充充电，不能作为日常充电使用。
>
> ④ 外接电源插座时，应选用 1.5mm² 以上电源线。充电站如果安装在室外，则应做好防雨。
>
> ⑤ 当电动车蓄电池组有故障或蓄电池损坏时，充电站将不能正常工作。

（七）"绿盟"牌 LM - 3 路投币式电动车快速充电站使用技巧

"绿盟"牌 LM - 3 路投币式电动车快速充电站外形如图 1-72 所示。

1. 产品概述

1）投币式电动车快速充电站是一款具有液晶显示、充电过程全程语音提示，以及 LED 显示模块的快速充电设备。该设备适用于电动自行车、电动三轮车、电动汽车铅酸蓄电池快速充电，可同时对 3 辆电动车进行快速充电。投币一元充电 10min，骑行 15 ~ 20min，耗电 0.1kWh，能快速有效解决电动车中途没电推行的困难。

2）该充电站无须专人值守，是适合商场、报亭、小区、电动车维修部、蓄电池维修部的便民服务设施。小设备，耗电省，好回报。

2. 技术指标

1）充电路数：3 路。

2）输入交流电压：220V ± 20V。

3）交流保险：20A。

4）蓄电池充电电压：80V/72V/60V/48V/36V 自动识别。

5）单路最大输出电流：10A。

6）空载功率：8W，最大功率：1350W。

7）设有保险装置，具有过载保护功能。

8）安装使用方便，具备 220V 交流电源即可安装。

9）具有识别真假币、防钓币、防伪币功能。

（八）"绿盟"牌 LM - 4 路投币式电动车快速充电站使用技巧

"绿盟"牌 LM - 4 路投币式电动车快速充电站外形如图 1-73 所示。

 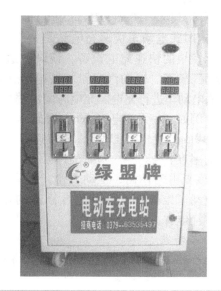

图1-72　LM-3路投币式电动车快速充电站外形　　图1-73　LM-4路投币式电动车快速充电站外形

1. 产品概述

1) 外形尺寸: 50cm × 35cm × 80cm。

2) 质量: 30kg。

3) 投币式电动车快速充电站是一款具有液晶显示、充电过程全程语音提示, 以及LED显示模块的快速充电设备。该设备适用于电动自行车、电动三轮车、电动汽车铅酸蓄电池快速充电, 可同时对4辆电动车进行快速充电。投币一元充电10min, 骑行15~20min, 耗电0.1kWh, 能快速有效解决电动车中途没电推行的困难。

4) 该充电站无须专人值守, 是适合商场、报亭、小区、电动车维修部、蓄电池维修部的便民服务设施。小设备, 耗电省, 好回报。

2. 技术指标

1) 充电路数: 4路。

2) 输入交流电压: 220V ± 20V。

3) 交流保险: 20A。

4) 蓄电池充电电压: 80V/72V/60V/48V/36V 自动识别。

5) 单路最大输出电流: 10A。

6) 空载功率: 8W, 最大功率: 2400W。

7) 设有保险装置, 具有过载保护功能。

8) 安装使用方便, 具备220V交流电源即可安装。

9) 具有识别真假币、防钓币、防伪币功能。

(九) "绿盟"牌 LM-4 路定时式电动车快速充电站使用技巧

下面以"绿盟"牌 LM-4 路定时式电动车快速充电站为例说明其使用技巧。

LM-4 路定时式电动车快速充电站外形如图1-74所示。

1. 产品概述

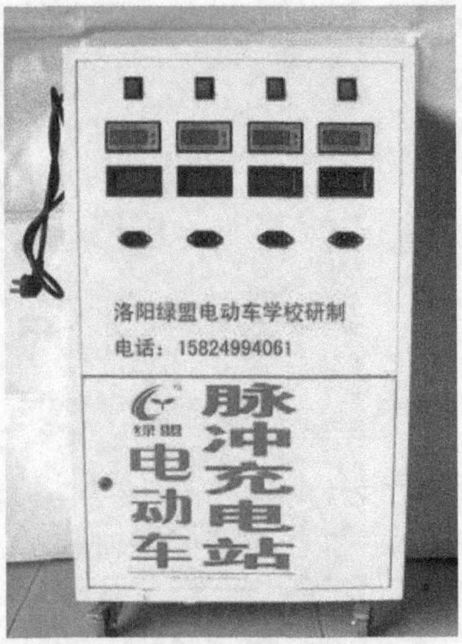

1) 外形尺寸：50cm×35cm×90cm。

2) 定时式电动车快速充电站是一款具有液晶显示、LED 显示模块的快速充电设备。该设备适用于电动自行车、电动三轮车、电动汽车铅酸蓄电池快速充电，可同时对4辆电动车进行充电。充电时间由用户任意设定，到时断电。例如，一元充电 10min，根据车型和路况不同可骑行 8~10km，耗电 0.1kWh，能快速有效解决电动车中途没电的困难。

3) 该充电站使用、推动方便，是适合商场、报亭、小区、电动车维修部、蓄电池维修部的便民服务设施。小设备，耗电省，回报率高。

2. 性能特点

1) 设备采用单片机智能控制设计，使用简单，到时自停。

图 1-74　LM−4 路定时式电动车
快速充电站外形

2) 电路采用自动极性转化，无须担心电池极性问题。

3) 采用国际上先进的脉冲充电技术（马斯充电曲线），可降低充电温度，充电＋修复＋维护。

4) 内置风扇，帮助散热，提高设备的稳定性。

5) 仪器前面板上第一排是时间表，可以设定充电时间。

6) 仪器前面板上第二排是电压表，可以显示充电电压。

3. 技术指标

1) 充电路数：4 路。

2) 输入交流电压：200V/50Hz。交流保险为 20A。

3) 蓄电池充电电压：72V/60V/48V/36V 自动识别。

4) 最大输出电流：10A。

5) 蓄电池正负极：自动识别。

6) 设有保险装置，具有过载保护功能。

7) 安装使用方便，具备 220V 交流电源即可使用。

8) 仪器工作时，电压表显示充电电压，不工作时显示为蓄电池组电压。

4. 仪器使用方法

1) 打开电源总开关，然后打开分路电源开关。

2) 插上仪器与电动车的连线插头。

3) 按时间表上的设定键 1 次为小时的十位数（10~90 小时可选）设定，此时小时的十位闪烁，按启动键设定充电时间；按时间表上的设定键 2 次为小时的个位数设定，此时小时个位数（1~9 小时可选）闪烁，按启动键设定充电时间；按时间表上的设定键 3 次为分钟的十位数（10~50 分钟可选）设定，此时分钟的十位数闪烁，按启动键设定充电时间；按时间表上的设定键 4 次为分钟的个位数（1~9 分钟可选）设定，此时分钟个位数闪烁，按启动键设定充电时间；按时间表上的设定键 5 次为确认以上设定。

4）按启动开始工作，设定时间到后，自动断电。

专家指导

① 充电站不插蓄电池工作时，输出端子无电压。

② 单路每次充电完毕后，必须等电压表归零后，再进行第二次充电，以免造成仪器损坏。

③ 充电站只能作为应急补充充电，不能作为日常充电使用。

④ 外接电源插座时，应选用 $2.5mm^2$ 以上电源线。

⑤ 当电动车蓄电池组有故障或蓄电池损坏时，充电站将不能正常工作。

⑥ 充电站充电插头是易损件，如插头损坏，则应及时更换。

第二节　了解电动自行车分类和型号

一、电动自行车简介

电动自行车是一种无噪声、无废气排放、新型节能、绿色环保的交通工具。它是一种特殊类型的自行车，是在普通自行车的基础上，安装了蓄电池、电动机、控制器、转把、刹把等操纵部件和显示仪表系统的机电一体化的个人交通工具。

据业内专家预测，电动自行车是自行车和摩托车换代产品，有着良好的市场前景，是未来车辆发展的方向。而且，电动自行车的延伸产品——电动三轮车、电动汽车也将逐渐普及。

二、电动自行车的分类

根据电动自行车外形和功能不同，可分为简易型、标准型、豪华型及电动摩托车、电动三轮车等。

1. 简易型电动自行车

简易型电动自行车是在自行车的基础上加装了"四大件"（蓄电池、充电器、控制器、电动机），具备电动自行车的基本功能，具有电量显示、断电刹车、无级调速等功能，供电电压为36V 或48V、12Ah 蓄电池组，采用功率250～350W 的电动机，一次充电续行里程为40km 左右。

简易型电动自行车外形如图1-75 所示。

2. 标准型电动自行车

标准型电动自行车是在简易型电动自行车的基础上增加仪表盘、左右转向灯和1＋1 助力功能，外形更加美观。供电电压为48V、12Ah 蓄电池组，采用功率350W 的电动机，一次充电续行里程为50～60km。标准型电动自行车外形如图1-76 所示。例如，常见的"载重王"标准型电动自行车外形如图1-77 所示。

3. 豪华型电动自行车

豪华型电动自行车的外形与摩托车相似，在标准型基础上增加前叉避振、坐垫避振、前后照灯等装置。优点是外形美观，功能齐全，骑行舒适，使用方便，供电电压为48V、12～24Ah 蓄电池组，采用功率350W 的电动机。一次充电续行里程为60～80km。豪华型电动自行车外形如图1-78 所示。

图1-75 简易型电动自行车外形

图1-76 标准型电动自行车外形

图1-77 "载重王"电动自行车外形

图1-78 豪华型电动自行车外形

4. 电动摩托车

电动摩托车是电动自行车的延伸产品，它的特点是时速高、功能齐全、外形豪华，缺点是较笨重。早期电动摩托车供电电压为48V、20~24Ah 蓄电池组，采用功率500W 有刷电动机。目前电动摩托车供电电压为60V、20~32Ah 蓄电池组，采用功率500~600W 无刷电动机。一次充电续行里程达80~120km。电动摩托车外形如图1-79 所示。

三、电动三轮车的分类

1. 老年休闲电动三轮车

老年休闲电动三轮车是电动自行车的延伸产品，早期老年休闲电动三轮车供电电压为36V、10~14Ah 蓄电池组，采用有刷电动机，功率为250~350W。目前，老年休闲电动三轮车供电电压为48V、10~24Ah 蓄电池组，采用无刷电动机，功率为350~500W。

老年休闲电动三轮车比较常见的车型有"小巴士"等。"小巴士"电动三轮车外形如图1-80 所示。

洛阳绿祥电动三轮车制造厂最新研制的"绿祥"牌 LX-3 型老年休闲电动三轮车后车座能折叠，既能座人，又能接货，非常适合老年人使用。洛阳"绿祥"牌老年休闲电动三轮车外形如图 1-81 所示。

图 1-79　电动摩托车外形

图 1-80　"小巴士"电动三轮车外形

2. 简易型货运电动三轮车

简易型货运电动三轮车是在早期的人力三轮车的基础上，加装了电气"四大件"和五合一大灯及调速转把等部件而组成的。

简易型货运电动三轮车外形如图 1-82 所示。

图 1-81　"绿祥"牌老年休闲电动三轮车外形

图 1-82　简易型货运电动三轮车外形

3. 货运电动三轮车

货运电动三轮车的作用主要是运送货物，优点是载重量大。早期货动电动三轮车供电电压为 24V 或 36V、100Ah 蓄电池组，采用串励电动机，功率为 600～1000W，一次充电续行里程为 80～100km。目前，货运电动三轮车供电电压为 48V 或 60V、72V、100～120Ah 蓄电池组，采用串励电动机或差速电动机，功率 1000～1500W，一次充电续行里程为 100～150km。"绿祥"牌货运电动三轮车外形如图 1-83 所示。

图 1-83　货运电动三轮车外形

四、电动自行车的型号编制

按照 QB/T 1714—2015 的规定，一般电动自行车的型号编制由四部分组成，如下：

TD　第一部分

L　第二部分

10　第三部分

Z　第四部分

各部分含义及内容说明：

第一部分（TD）表示电动自行车。电动自行车的型号全部以 TD 冠名。

第二部分表示电动自行车的型式和车轮直径。

电动自行车的型式和车轮直径如表 1-3 所示。

表 1-3　电动自行车的型式和车轮直径

型式 ＼ 车轮直径/mm	710 (28) 英寸	660 (26) 英寸	610 (24) 英寸	560 (22) 英寸	510 (20) 英寸	455 (18) 英寸	405 (16) 英寸
女式	A	E	G	K	M	O	Q
男式	B	F	H	L	N	P	R

第三部分表示工厂设计序号。

第四部分表示电动机与驱动轮之间的传动方式代号。轴传动代号为 Z；链条传动代号为 L；皮带传动代号为 P；摩擦传动代号为 M；其他传动代号为 Q。

> **相关链接**
>
> 国家标准《电动自行车通用技术条件》（GB17761—1999）规定（摘录）：
>
> 电动自行车（electric bicycle）是以蓄电池作为辅助能源，具有两个车轮，能实现人力骑行、电动或电助动功能的特种自行车。
>
> ① 最高车速：电动自行车最高车速应不大于 20km/h。
>
> ② 整车质量（重量）：电动自行车的整车质量（重量）应不大于 40kg。
>
> ③ 脚踏行驶能力：电动自行车必须具有良好的脚踏行驶能力，30min 的脚踏行驶距离应不小于 7km。
>
> ④ 续行里程：电动自行车一次充电后的续行里程应不小于 25km。
>
> ⑤ 最大骑行噪声：电动自行车以最高车速作电动匀速骑行时（电助动的以15~18km/h 速度电动助力骑行）的噪声应不大于 62dB（A）。
>
> ⑥ 百公里电耗：电动自行车以电动骑行（电助动的以电助动骑行），100km 的电能消耗应不大于 1.2kWh。
>
> ⑦ 电动机功率：电动自行车的电动机额定连续输出功率应不大于 240W。
>
> ⑧ 制动性能：电动自行车以最高车速电动骑行时（电助的以 20km/h 的车速电助动骑行），其干态制动距离应不大于 4m，湿态制动距离应不大于 15m。

第三节　搞清电动自行车结构组成

电动自行车主要由机械系统和电气系统两大部分组成。

一、机械系统结构组成和部件识读

机械系统主要包括车架、车把、前叉、前轮、前车闸、后轮、后车闸、车座、支撑、脚蹬、飞轮、链条、轮盘等部分。电动自行车机械系统结构组成如图1-84所示。

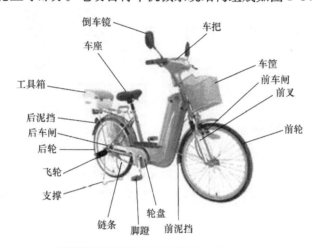

图1-84　电动自行车机械系统结构组成

1. 车架

车架是电动自行车的骨架，一般用钢材制造，车型不同车架结构也不同。常见车架外形如图1-85所示。

2. 车把

车把的作用是操纵前轮，使电动自行车按一定的方向行驶。常见车把外形如图1-86所示。

图1-85　常见车架外形

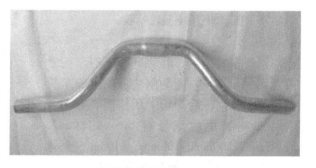

图1-86　常见车把外形

3. 前叉

前叉的作用是安装前轮和前减振器。前叉外形如图1-87所示。

4. 减振器

减振器的作用是减少骑行时的振动和冲击，提高骑行舒适性。电动自行车一般安装有前、后减振器。减振器外形如图1-88所示。

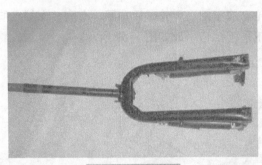

图1-87　前叉外形

图1-88　减振器外形

5. 前、后车轮

车轮的作用是使电动自行车行驶。车轮常见的有辐条式和一体化铝轮式两种。车轮常见的规格有16in$^{\ominus}$、18in、20in、22in、24in。常见前轮外形如图1-89所示。常见后轮外形如图1-90所示。

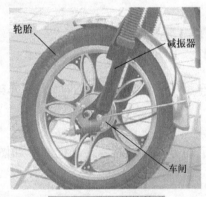

图1-89　常见前轮外形

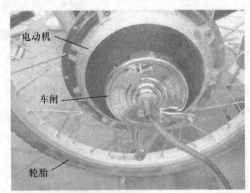

图1-90　常见后轮外形

6. 车闸

车闸起刹车的作用。电动自行车的车闸常见的有悬臂闸、抱闸、随动闸、涨闸。前车轮常用悬臂闸和涨闸，后车轮常用抱闸、随动闸和涨闸。车闸常见的型号有50mm、80mm、90mm、95mm、100mm、108mm、110mm。悬臂闸外形如图1-91所示。抱闸外形如图1-92所示。随动闸外形如图1-93所示。涨闸外形如图1-94所示。

图1-91　悬臂闸外形

$\ominus$　1in = 0.0254m。

图 1-92 抱闸外形

图 1-93 随动闸外形

7. 刹车线

刹车线的作用是操纵刹车块制动，使电动自行车停止前进。刹车线外形如图 1-95 所示。

图 1-94 涨闸外形

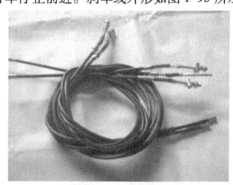

图 1-95 刹车线外形

8. 支撑

支撑的作用是支起电动自行车的车身，使电动自行车放置平稳。支撑有后支撑、中支撑和偏支撑。后支撑外形如图 1-96 所示。中支撑外形如图 1-97 所示。偏支撑外形如图 1-98 所示。

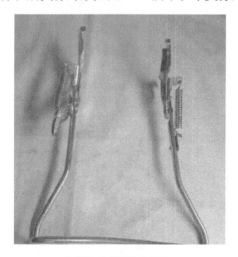

图 1-96 后支撑外形

图 1-97 中支撑外形

9. 衣架

衣架的作用是放置工具箱和物品。衣架外形如图1-99所示。

10. 前轴、后轴

前轴、后轴上安装有轴承和车轮。前轴、后轴外形如图1-100所示。

图1-98　偏支撑外形

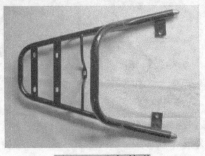
图1-99　衣架外形

图1-100　前轴、后轴外形

11. 链轮、链条和飞轮

链条是在链轮和飞轮之间的传动带，链轮带动链条驱动飞轮，使电动自行车后轮行驶。飞轮有公制和英制两种，安装时为顺时针方向，拆卸时为逆时针方向。链条安装时要注意，链条的接头方向与正常运行方向相反，不能安反。链轮外形如图1-101所示。链条外形如图1-102所示。飞轮外形如图1-103所示。

图1-101　链轮外形

图1-102　链条外形

12. 挡泥瓦

挡泥瓦的作用是遮挡雨水飞溅。挡泥瓦有前挡泥瓦和后挡泥瓦两种。挡泥瓦外形如图1-104所示。

图1-103　飞轮外形

图1-104　挡泥瓦外形

13. 保险杠

保险杠的作用是防止电动自行侧翻并保护骑行者的安全。保险杠外形如图1-105所示。

14. 车座

车座是供电动自行车骑行者的坐垫。车座外形如图1-106所示。

图1-105　保险杠外形

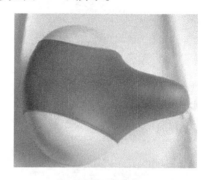

图1-106　车座外形

15. 脚磴

脚磴的作用是供人力骑行，使电动自行车向前行驶。脚磴安装时左脚磴是反丝，右脚磴是正丝。脚磴外形如图1-107所示。

二、电气系统结构组成和部件识读

电动自行车电气系统主要包括电动机、控制器、蓄电池、充电器、调速转把、刹把、显示仪表、电源锁、转换器、车灯、喇叭、空气开关、闪光器和防盗器等组成部分。

电动自行车电气系统结构组成如图1-108所示。

图1-107　脚磴外形

图1-108　电动自行车电气系统结构组成

1. 电动机

电动机的作用是将蓄电池的电能转换成机械能，驱动车轮行驶。电动机是电动自行车"电气四大件"之一。电动机常见的是有刷电动机和无刷电动机。目前电动自行车大多采用无刷电动机。有刷电动机外形如图1-109所示。无刷电动机外形如图1-110所示。

2. 控制器

控制器的作用是控制电动机转速。控制器是电动自行车"电气四大件"的核心部件。控制器与电动机配套分有刷控制器和无刷控制器两种。有刷控制器外形如图1-111所示。无刷控制器外形如图1-112所示。

图1-109　有刷电动机外形

图1-110　无刷电动机外形

图1-111　有刷控制器外形

图1-112　无刷控制器外形

3. 蓄电池

蓄电池的作用是供整车电气部件用电。蓄电池是电动自行车"电气四大件"之一。目前，我国电动自行车主要采用12V铅酸蓄电池和胶体蓄电池。12V铅酸蓄电池外形如图1-113所示。

4. 充电器

充电器的作用是给蓄电池补充电能。充电器是电动自行车"电气四大件"之一。充电器常见的规格有36V、48V和60V充电器。充电器外形如图1-114所示。

图1-113　12V铅酸蓄电池外形

图1-114　充电器外形

5. 转把

转把是电动自行车的调速部件，转把通过控制器控制电动机的转速。转把外形如图 1-115 所示。

6. 刹把

刹把通过控制器使电动机停止供电，起刹车断电作用。刹把外形如图 1-116 所示。

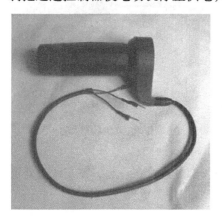

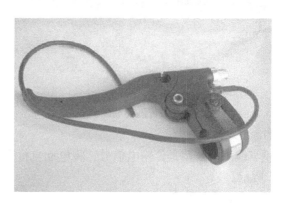

图 1-115　转把外形　　　　　　　　　图 1-116　刹把外形

7. 显示仪表

显示仪表的作用是显示电动自行车的电源电压、蓄电池电量、行车速度等。显示仪表外形如图 1-117 所示。

8. 转换器

转换器的作用是将蓄电池的电压转为 12V 电压，供给大灯、转向灯和喇叭电源。转换器外形如图 1-118 所示。

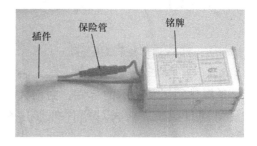

图 1-117　显示仪表外形　　　　　　　图 1-118　转换器外形

9. 助力传感器和磁盘

助力传感器和磁盘的作用是在电动自行车脚踏骑行时，通过控制器提供助力信号，使车轮转动。助力传感器和磁盘外形如图 1-119 所示。

10. 电源锁

电源锁的作用是控制电源通断。电源锁外形如图 1-120 所示。

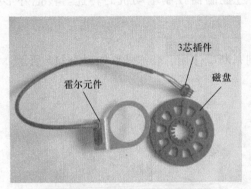

图1-119　助力传感器和磁盘外形

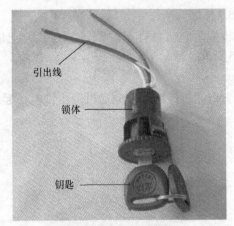

图1-120　电源锁外形

11. 整车线束

整车线束的作用是传输电信号，将电动自行车电气部件连接在一起。整车线束外形如图1-121所示。

12. 保险管和管座

保险管和管座使短路快速熔断，起保护电路的作用。保险管和管座外形如图1-122所示。

图1-121　整车线束外形

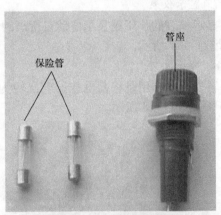

图1-122　保险管和管座外形

13. 灯具

灯具是提供照明和指示的部件，由前大灯组件和后灯组件组成。前大灯组件外形如图1-123所示。

14. 喇叭

喇叭的作用是在行车时提醒路人注意车辆。电动自行车用喇叭有塑料喇叭和铁喇叭两种。塑料喇叭有正负之分，红线是正极，黑线是负极。铁喇叭无正负极之分。塑料喇叭外形如图1-124所示。铁喇叭外形如图1-125所示。

图1-123　前大灯组件外形

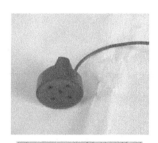

图 1-124　塑料喇叭外形

图 1-125　铁喇叭外形

15. 闪光器

闪光器的作用是给转向灯提供断、开间歇电压。闪光器外形如图 1-126 所示。

16. 空气开关

空气开关是用来做电路保护的，一旦出现短路事故就会断开电路。电动摩托车都安装有空气开关。空气开关外形如图 1-127 所示。

图 1-126　闪光器外形

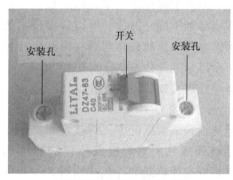

图 1-127　空气开关外形

17. 喇叭、灯光开关

喇叭、灯光开关的作用是控制喇叭、灯光开关。喇叭、灯光开关外形如图 1-128 所示。

18. 防盗报警器

防盗报警器能让车辆防盗。有些电动车出厂时已安装好，有些需用户自己选配。防盗报警器的外形如图 1-129 所示。

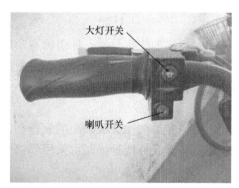

图 1-128　喇叭、灯光开关外形

图 1-129　防盗报警器的外形

第二章

掌握电子电路基础知识

第一节　熟练掌握焊接技术

一、电烙铁的使用技巧

在电器维修过程中，焊接工作是必不可少的。它不但要求将元件固定在电路板上，而且要求焊点必须牢固、圆滑，所以焊接技术的好坏直接影响到维修的成功与否，因此焊接技术是每一个维修人员必须掌握的基本功。

电烙铁焊接如图2-1所示。

1. 电烙铁简介

电烙铁是最常用的手工焊接工具，作用是将电能转换成热能对焊接点部位进行加热焊接。电烙铁有内热式和外热式两种。一般的导线焊接使用50W内热式电烙铁。如果焊接蓄电池和换向器，则使用100W外热式电烙铁。

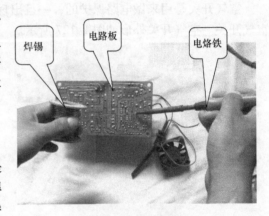

图2-1　电烙铁焊接

新烙铁使用前，应用细砂纸将烙铁头打光亮，通电烧热，蘸上松香后用烙铁头刃面接触焊锡丝，使烙铁头上均匀地镀上一层锡，叫作镀锡。这样便于焊接和防止烙铁头表面氧化。旧的烙铁头如严重氧化而发黑，可用钢锉锉去表层氧化物，使其露出金属光泽后，重新镀锡，才能使用。

2. 焊锡和助焊剂

焊接时，还需要焊锡和助焊剂。

（1）焊锡

焊锡是一种易熔金属，最常用的一般是焊锡丝。焊锡的作用是使元件引脚与印制电路板的连接点连接在一起，焊锡的选择对焊接质量有很大的影响。焊接电子元件，一般采用有松香芯的焊锡丝。这种焊锡丝熔点较低，而且内含松香助焊剂，使用方便。

（2）助焊剂

常用的助焊剂是松香或焊锡膏。使用助焊剂，可以帮助清除金属表面的氧化物，利于焊接，又可保护烙铁头。焊接一般元件使用松香；焊接较大元件或导线时可采用焊锡膏。但它有一定腐蚀性，焊接后应及时清除残留物。

3. 辅助工具

为了方便焊接操作常采用尖嘴钳、斜口钳、镊子和小刀等作为辅助工具。另外，还有吸锡器，其对于新手来说十分实用，初次使用电烙铁总是容易将焊锡弄得到处都是，吸锡器则可以帮你把电路板上多余的焊锡处理掉。另外，吸锡器在拆除多引脚集成电路器件时十分有用，它能将焊点全部吸掉。有些使用吸锡器的新手，不敢将吸锡器与电烙铁接触，害怕损坏吸锡器，这完全不用担心，吸锡器的吸头不会被电烙铁烫坏。吸锡器使用如图 2-2 所示。

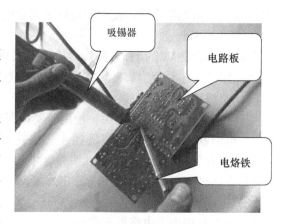

图 2-2　吸锡器使用

二、焊接技术

1. 焊前处理

焊接前，应对元件引脚或电路板的焊接部位进行焊前处理。清除焊接部位的氧化层。可用断锯条制成小刀。刮去金属引线表面的氧化层，使引脚露出金属光泽。如果是印制电路板，则可用细砂纸将铜箔打光后，涂上一层松香酒精溶液。

2. 元件镀锡

在刮净的引线上镀锡。可将引线蘸一下松香后，将带锡的热烙铁头压在引线上，并转动引线，即可使引线均匀地镀上一层很薄的锡层。导线焊接前，应将绝缘外皮剥去，再经过上面两项处理，才能正式焊接。若是多股金属丝的导线，打光后应先拧在一起，然后再镀锡。

3. 焊接技巧

做好焊前处理之后，就可正式进行焊接。

1）右手持电烙铁，左手用尖嘴钳或镊子夹持元件或导线。焊接前，电烙铁要充分预热。烙铁头刃面上要吃锡，即带上一定量焊锡。

2）将烙铁头刃面紧贴在焊点处，电烙铁与水平面大约成 60°角，以便于熔化的锡从烙铁头上流到焊点上。烙铁头在焊点处停留的时间控制在 2~3s。

3）拿开烙铁头，左手仍持元件不动。待焊点处的锡冷却凝固后，才可松开左手。

4）用手转动引线，确认不松动，然后可用斜口钳剪去多余的引线。

4. 焊接质量

1）焊接时，要保证每个焊点焊接牢固、接触良好，要保证焊接质量。

2）所焊锡点应光亮，圆滑而无毛刺，锡量适中。锡和被焊物融合牢固，不应有虚焊和假焊。虚焊是焊点处只有少量锡焊住，造成接触不良，时通时断。假焊是指表面上好像焊住了，但实际上并没有焊上，有时用手一拔，引线就可以从焊点中拔出。这两种情况将给电子产品的调试和检修带来极大的困难。只有经过大量的、认真的焊接实践，才能避免这两种情况。

3）焊接电路板时，一定要控制好时间。太长，电路板将被烧焦，或造成铜箔脱落。从电路板上拆卸元件时，可将电烙铁头贴在焊点上，待焊点上的锡熔化后，将元件拔出。

4）焊接时助焊剂（松香和焊锡膏）是关键，新鲜的松香可以帮助你很好地完成焊接，而且可以让表面光洁漂亮，使用时可以多用点助焊剂。

5. 焊接后的检查

焊接结束后必须检查有无漏焊、虚焊以及由于焊锡流淌造成的元件短路。虚焊较难发现，可用镊子夹住元件引脚轻轻拉动，如发现摇动，则应立即补焊。

三、电烙铁使用注意事项

电烙铁要用220V交流电源，使用时要特别注意安全。应认真做到以下几点：

1）电烙铁插头最好使用三极插头，要使外壳妥善接地。使用前，应认真检查电源插头、电源线有无损坏，并检查烙铁头是否松动。

2）电烙铁使用中，不能用力敲击，要防止跌落。烙铁头上焊锡过多时，可用布擦掉，不可乱甩，以防烫伤他人。

3）焊接过程中，电烙铁不能到处乱放。不焊时，应放在烙铁架上。注意电源线不可搭在烙铁头上，以防烫坏绝缘层而发生事故。

4）使用结束后，应及时切断电源，拔下电源插头，将电烙铁放回烙铁架，自然冷却。

第二节　熟知电子电路基础知识

一、电压

电压，也称作电势差或电位差。电压是推动电荷定向移动形成电流的原因。电流之所以能够在导线中流动，也是因为在电流中有着高电势和低电势之间的差别。这种差别叫电势差，也叫电压。换句话说，在电路中，任意两点之间的电位差称为这两点的电压。

电压用 U 表示，国际单位制为伏（V），常用的单位还有毫伏（mV）、微伏（μV）、千伏（kV）等。它们之间的换算关系如下：

1 千伏（kV）= 1000 伏（V）；

1 伏（V）= 1000 毫伏（mV）；

1 毫伏（mV）= 1000 微伏（μV）。

电压分交流电和直流电两种。交流电是指电压的大小和方向随时间做周期性变化的电压。例如，我国民用电源就是220V交流电，高压电是380V交流电压，它属于危险电压，交流电的特点是无正负极。直流电是指大小和方向不随时间做周期性变化的电压。直流电一般被广泛使用于家用等微型电器之中，直流电的特点是有正负极。

二、电流

电流是指电荷的定向移动。电流的大小称为电流强度，简称电流，用符号 I 表示。电流是指单位时间内通过导线某一截面的电荷量，每秒通过1库仑的电量称为1安。安（A）是国际单位制中的基本单位。常用的单位还有毫安（mA）、微安（μA）。它们之间的换算关系如下：

1 千安（kA）= 1000 安（A）；

1 安（A）= 1000 毫安（mA）；

1 毫安（mA）= 1000 微安（μA）。

因为有电压（电势差）的存在，所以产生了电力场强，使电路中的电荷受到电场力的作用而产生定向移动，从而形成了电路中的电流。电流分直流电流和交流电流。

三、电阻

电阻表示导体对电流阻碍作用的大小。导体的电阻越大，表示导体对电流的阻碍作用越大。电阻是导体本身的一种特性，不同的导体，电阻不同。

导体的电阻通常用字母 R 表示，电阻的单位是欧姆，简称欧，符号是 Ω，比欧姆大的单位有千欧（$k\Omega$）、兆欧（$M\Omega$）。它们之间的换算关系如下：

1 兆欧（$M\Omega$）=1000 千欧（$k\Omega$）；

1 千欧（$k\Omega$）=1000 欧（Ω）。

四、导体与绝缘体

没有电阻或电阻很小的物质称其为电导体，简称导体。常见的金属都是导体。例如，金、银、铜、铝、锡、铁都是导体。

不导电的物质称为电绝缘体，简称绝缘体。例如，常见的橡胶、塑料、陶瓷、玻璃都是绝缘体。所以为了保证用电安全，日常使用的导线外壳都采用塑料绝缘。

五、欧姆定律

欧姆定律：$I = U/R$（I 为电流，R 是电阻）。但是这个公式只适用于纯电阻电路。欧姆定律由乔治·西蒙·欧姆提出，为了纪念他对电磁学的贡献，物理学界将电阻的单位命名为欧姆，以符号 Ω 表示。由欧姆定律可知，在同一电路中，导体中的电流与导体两端的电压成正比，与导体的电阻阻值成反比。如果知道电压、电流、电阻三个量中的两个，就可以根据欧姆定律求出第三个量，即 $I = U/R$，$R = U/I$，$U = IR$。

六、电源

把其他形式的能转换成电能的装置叫作电源。电源的作用是为电路提供动力和能量。铅酸蓄电池能把化学能转变为电能，发电机能把机械能转换成电能，干蓄电池能把化学能转换成电能。铅酸蓄电池、发电机、干蓄电池等叫作电源。

七、空载与负载

电源不接用电器叫空载。例如，电动自行车充电器插上交流电源，不接蓄电池充电，叫空载。

把电能转换成其他形式能的装置叫作负载。换句话说，用电器就是负载。电动机能把电能转换成机械能，电阻能把电能转换成热能，电灯泡能把电能转换成热能和光能，扬声器能把电能转换成声能。电动机、电阻、电灯泡、扬声器等都叫作负载。

八、电路

1. 电路简介

电流流过的路径叫作电路。换句话说，就是电子走的路。把电源、用电器、开关用导线连接起来组成的电流的路径叫作电路。电路是由电气设备和元器件按一定方式连接起来，为电荷流通提供了路径的总体，也叫电子线路或称电气回路。

最简单的电路由电源、负载、导线、开关等元件组成。也可以说，电路是由电源、用电器、开关和导线四大要素组成。最简单的电路如图 2-3 所示。

2. 电路三种状态

1）通路：通路指电路接通后电路处处连通。只有通路，电路中才有电流通过，此时电路工作正常。

图 2-3　最简单的电路

2）开路：断开的电路，也叫断路，此时电路不工作。

3）短路：不通过用电器，导线直接将电源的正负极相连的电路。或者电路某一部分的两端直接接通，使这部分的电压变成零，叫作短路。短路时，电路内会出现非常大的电流，叫作短路电流。短路电流会造成导线剧烈升温，烧毁电气设备，引起火灾。所以在日常维修时应采取一定的措施（一是断电操作，二是进行绝缘处理）避免出现短路事故。

3. 串联电路

将各用电器串联起来组成的电路叫串联电路。在串联电路中通过各用电器的电流都相等。

串联电路电压规律：串联电路两端总电压等于各部分电路两端电压和。串联的优点：在电路中，若想控制所有电路，即可使用串联的电路。串联的缺点：若电路中有一个用电器损坏，整个电路都断了。

串联电路如图2-4所示。

4. 并联电路

各用电器并列接入电路，电流不止一条路径。

并联电路电压规律：并联电路各支路两端电压相等，且等于电源电压。并联的优点：一个用电器可独立完成工作，适合于在马路两边的路灯。并联的缺点：并联电路各处电流加起来才等于总电流，由此可见，并联电路中电流消耗大。

并联电路如图2-5所示。

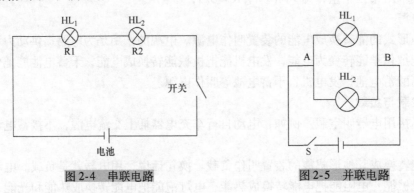

图2-4　串联电路　　　　　　　图2-5　并联电路

第三节　掌握电子元器件识别与检测技巧

一、电阻器识别与检测

电阻器是电路中限制电流元件。电阻器简称电阻。在电路中的作用是控制电路中的电压和电流，也就是降低电压，限制电流。电阻器用 R 表示，单位是 Ω。

电阻元件的电阻值大小一般与温度、材料、长度和截面积有关。电阻包括固定电阻器、可变电阻器、敏感电阻器等。

电阻器电路图符号如表2-1所示。

（一）电阻器的种类

1. 固定电阻器

固定电阻器的阻值固定不变。固定电阻器常见的有碳膜电阻器、金属膜电阻器、线绕电阻器等。固定电阻器外形如图2-6所示。

表2-1 电阻器电路图符号

图形符号	说明	图形符号	说明
▭	电阻器一般符号	▨	0.25W 电阻器
▱	可变（可调）电阻器	▭	0.5W 电阻器
▨ U	压敏电阻器、变阻器	▭	1W 电阻器（大于1W用阿拉伯数字表示）
▨ θ	热敏电阻器	▭	滑线式变阻器
▨	0.125W 电阻器	▭	有两个固定抽头的电阻器
		▨	光敏电阻器

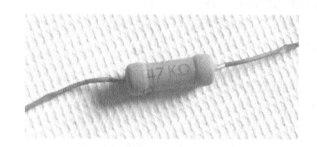

图2-6 固定电阻器外形

2. 可变电阻器

可变电阻器的阻值可以在一定范围内变化，例如常见的碳膜可变电阻器、电位器和精密可调电阻器。碳膜可变电阻器外形如图2-7所示。电位器外形如图2-8所示。精密可调电阻器外形如图2-9所示。

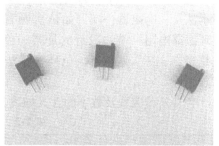

图2-7 碳膜可变电阻器外形　　图2-8 电位器外形　　图2-9 精密可调电阻器外形

3. 敏感电阻器

敏感电阻器有热敏电阻器、压敏电阻器和光敏电阻器。

热敏电阻器的阻值受环境温度的影响特别显著，当环境温度发生变化时，其阻值也发生变化。例如常见的负温度系数（NTC）热敏电阻器，此种电阻器常用在充电器交流输入部分电路；常见的正温度系数（PTC）热敏电阻器，此种电阻器常用在电视机消磁部分电路。NTC热敏电阻器外形如图2-10所示。PTC热敏电阻器外形如图2-11所示。

图2-10 NTC热敏电阻器外形

图2-11 PTC热敏电阻器外形

压敏电阻器就是当输入电压达到标称电压值后其阻值急剧减小的电阻。

光敏电阻器就是在不同强度的光照时其阻值会变化的电阻。

（二）电阻器的标示方法

1. 直标法

直标法是指把电阻的阻值直接标在电阻上，叫"标称阻值"。直标法一般用在电阻体较大的电阻上，如$30k\Omega$，直观方便。

2. 数字符号法

数字符号主要用三位数表示阻值，前两位表示有效数字，第三位数字是倍数。例如电阻上标注为"353"，表示阻值为$35 \times 10^3 \Omega$即$35k\Omega$；标注为"202"，表示阻值为$20 \times 10^2 \Omega$即$2k\Omega$，可调电阻通常用这种标示方法。也有用R表示小数点的，例如3WR1J表示功率为3W，阻值为0.1Ω的金属膜电阻器。

3. 色环标示法

色环标示法是用色环来表示阻值的方法，也叫"色标法"，国标上通用这种标示方法。色环标示法是从电阻器一端开始依次画有三道或四道色环。靠电阻一端边较近的是第一色环，往内依次是第二、三、四色环。色环标示法的含义如图2-12所示。

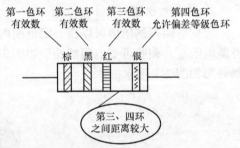

图2-12 色环标示法的含义

色环所代表数及数字的含义如表2-2所示。

表2-2 色环所代表数及数字的含义

色别	第一色环	第二色环	第三色环应乘位数	第四色环误差
棕	1	1	10	—
红	2	2	100	—
橙	3	3	1000	—

（续）

色别	第一色环	第二色环	第三色环应乘位数	第四色环误差
黄	4	4	10000	—
绿	5	5	100000	—
蓝	6	6	1000000	—
紫	7	7	10000000	—
灰	8	8	100000000	—
白	9	9	1000000000	—
黑	0	0	1	—
金	—	—	0.1	±0.5%
银	—	—	0.01	±10%
无色	—	—	—	±20%

（三）电阻的型号表示方法

电阻的外壳上用汉语拼音字母标志着它的型号，如表2-3所示。

表2-3　电阻型号识别表

类别	名称	简称	符号	字母顺序
主称	电阻器 电位器	阻位	R W	第一个字母
导体材料	碳膜 金属膜 金属氧化膜 线绕	碳 金 氧 线	T J Y X	第二个字母
形状性质	大小 精密 测量 高功率	小 精 量 高	X J L G	第三个字母

（四）掌握电阻器的常见故障、检测和更换技巧

电阻器常见的故障有烧坏、变值、接触不良或虚焊。电阻器烧坏时表面颜色发黑或变色，可用肉眼看出；变值即阻值发生变化，可用万用表电阻挡校对；接触不良或虚焊可用电烙铁重新焊牢。

电阻器的检测可用万用表电阻挡。测量时应注意选择与被测电阻器阻值较接近的挡位。如果在电路中测量，因被测电阻器常和其他元件相连，一般应小于或等于其阻值为正常。若要测量准确，需将被测电阻器的一端从电路板上焊下再进行测量。测量可调电阻器时，可用指针式万用表电阻挡，测量时用螺丝刀转动可调臂，万用表指针连续平滑变化为正常，如万用表指针变化不均匀或跳变，则说明该电阻器接触不良，应更换。电阻器的检测如图2-13所示。

电阻器更换时应选用与原电阻相同的阻值，同阻值时功率大的可代换功率小的。在换用

前应先测量阻值与标称是否相符。维修时如手头没有合适的电阻换用，可以用两个以上电阻串联或并联代用。

二、电容器识别与检测

电容器简称电容，它是一种存储电能的元件。电容器的电容量是固定不变的，电容器最基本的特性是能够存储电荷。电容在原理图中，标志符号是 C。电容的基本单位是法，用 F 表示，常用的单位还有微法，用 μF 表示；纳法，用 nF 表示；皮法，用 pF 表示。它们之间的换算关系如下：

$1F = 1000mF$

$1mF = 1000μF$

$1μF = 1000nF$

$1nF = 1000pF$

电容器电路符号如图 2-14 所示。

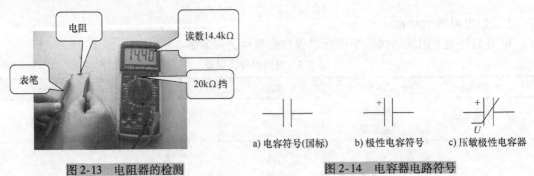

图 2-13　电阻器的检测　　　　　图 2-14　电容器电路符号

a) 电容符号(国标)　　b) 极性电容符号　　c) 压敏极性电容器

（一）电容器的种类

电容器按其电容量是否可变，可分为固定电容器和可变电容器，可变电容器还包括半可变电容器。

电容器按其固定介质分类，常见的有铝电解质、空气、云母、陶瓷、金属氧化膜、纸介质等。

电解电容器的内部有存储电荷的电解质材料，分正、负极性。电解电容属于固定电容，它的特点是电容量大、耐压低。该电容损耗较大，绝缘电阻小，漏电大，在电路中常用于电源"滤波"及低频电路的"耦合""旁路"等场合。电解电容外壳上，一般用"＋"表示正端，用"－"表示负端。安装更换时不可接错，接错时漏电电流大，其绝缘介质因发热有被击穿的危险。电解电容器外形如图 2-15 所示。

无极性（双极性）电解电容器采用双氧化膜结构，类似于两只有极性电解电容器将两个负极相连后构成，其两个电极分别为两个金属极板（均粘有氧化膜）相连，两组氧化膜中间为电解质。无极性电解电容器通常用于音响分频器电路、电视机 S 校正电路及单相电动机的起动电路。无极性电容器外形如图 2-16 所示。

（二）电容器的标示方法

电容的外壳上用汉语拼音字母标记着该电容的型号。第一个字母表示电容；第二个字母表示介质材料；第三个字母表示电容的形状；第四个字母表示电容的结构和大小，如表 2-4

所示。

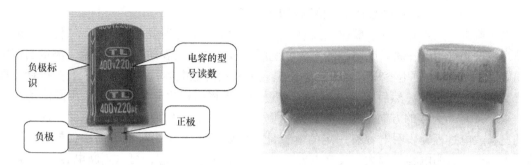

图 2-15 电解电容器外形　　　　图 2-16 无极性电容器外形

表 2-4 电容上标记字母的含义

字母顺序	类别	名称	简称	符号
第一个字母	主称	电容器	容	C
第二个字母	介质材料	纸介	纸	Z
		电解	电	D
		云母	云	Y
		瓷介	瓷	C
第三个字母	形状	筒形	筒	T
		管形	管	G
		立式矩形	立	L
		圆片形	圆	Y
第四个字母	结构	密封	密	M
	大小	小型	小	X

电容器的标示方法有直标法和数标法。

1. 直标法

直标法是将电容器的容量、耐压及误差直接标在外壳上。通常用数字标注容量、耐压，用字母来表示误差范围，该方法主要用在体积较大的电容上。常见的表示误差的字母有 J 表示 ±5 ％ 和 K 表示 ±10 ％ 。例如，470uJ160V 表示容量为 470μF，误差为 ±5 ％，耐压为 160V。注意，有些厂家采用直标法时，常把整数单位的"0"省去，如".1μF"表示 0.1μF。

2. 数标法

数标法采用字母和数字结合来标注电容的主要参数，常用于小容量的电容器。

1) 数字标注一般用三位数字表示容量大小，其中第一、二位表示容量值的有效数，第三位为倍率，表示有效数字后零的个数，电容量的单位是 pF。如 105 表示容量为 $10 \times 10^5 pF$，即 $0.1 \mu F$；202 表示容量为 $20 \times 10^2 pF$，即 2000pF。

2) 省略 F，用数字和字母结合表示，如 50p 表示 50pF；2p2 表示 2.2pF；7n2 表示 7200pF。另外第三位数为 9 时，表示 10^{-1}，而不是 10 的 9 次方，如 569 表示容量为 56 ×

10^{-1}pF，即 5.6pF。

（三）掌握电容器的常见故障、检测和更换技巧

电容器常见故障有烧坏、断路、失效、击穿、漏电。电容器烧坏可用直观法检查。电容量的容量检测可用电容表。电容器的充放电也可用指针式万用表的电阻挡测量。测量固定电容用 $R \times 10k$ 挡，电解电容用 $R \times 1k$ 挡，红黑表笔分别搭上电容器的两个脚，表头指针立即向 R 为零的方向摆去，然后向 R 为 ∞ 的方向返回。再将两根表笔对调一下，用同法测量电容，指针又向 R 为零的方向摆去，并且摆得更远，然后又向 R 为 ∞ 的方向返回。这就是电容的充、放电过程，表明电容有一定的电容量。如果指针向 R 为零的方向摆得越远，退回的速度越慢，表明电容量越大。反之电容量越小。利用这一原理，可以判断电容的电容量，也可用新、旧电容对比测量判断电容的好坏。

电容表检测电容器如图 2-17 所示。指针式万用表检测电容器如图 2-18 所示。

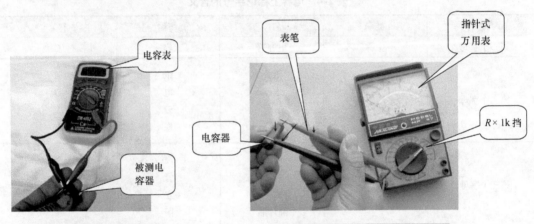

图 2-17　电容表检测电容器　　　　图 2-18　指针式万用表检测电容器

电容器更换时选用同型号、容量的电容进行更换，一般容量不可选用过大或过小，但是耐压高的电容器可以代换耐压小的电容器。

三、电感线圈和变压器识别与检测

（一）电感线圈

1. 电感线圈的构成和作用

用漆包线在绝缘管上绕一定的圈数，就构成了电感线圈，又称电感器。电感线圈和电容一样是储能元件，它能把电能转变为磁场能，并在磁场中存储能量。两个头的电感线圈在实际使用中无正负之分。电感的特性是内部电流不能突变，而电流变化速率高就会产生高电压。利用电感线圈的这种特性制成了变压器、继电器、阻流圈等。电感线圈外形如图 2-19 所示。电感线圈电路图符号如图 2-20 所示。

电感线圈在电路中用"L"表示。电感的单位是亨利，也叫亨，用字母"H"表示。它的含义是，当线圈通过的电流每秒钟变化 1A 所产生的感应电动势是 1V 时，线圈的电感量就是 1H。电感的单位还有"毫亨"（用字母"mH"表示）、"微亨"（用字母"μH"表示）。它们之间的换算关系如下：

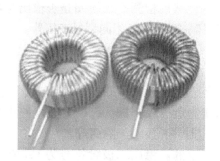

图 2-19 电感线圈外形

图 2-20 电感线圈电路图符号

1. 亨（H）= 1000 毫亨（mH）= 1000000 微亨（μH）

2. 电感线圈的种类

电感线圈有单层螺旋线圈、蜂房式线圈、铁粉心线圈、阻流圈、铜心线圈等。

3. 掌握电感线圈的常见故障、检测和更换技巧

电感线圈的故障率较低，常见的故障为烧断或虚焊。电感线圈的检测可用万用表的电阻挡，正常的电感线圈应为常通状态。如损坏时，一般应选用相同型号更换。

（二）变压器

1. 变压器的构成和作用

变压器是一种电压变换装置，它的作用是升降交流电压。把两个彼此不相连接的线圈互相靠近，就可构成一只变压器。变压器是由铁心和绕在绝缘骨架上的铜线圈构成的。变压器可以有两个或者更多绕组。变压器的主要作用是传递电能、变换电压、隔离初次级等。变压器在电路图中的符号用"B"或"T"表示。变压器外形如图 2-21 所示。变压器电路图符号如图 2-22 所示。

图 2-21 变压器外形

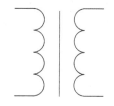

图 2-22 变压器电路图符号

2. 变压器的种类

变压器的种类较多，按变压器使用的交流频率范围，可分为低频变压器、中频变压器、高频变压器三类；按用途分有电源变压器、调压变压器、中频变压器、高频变压器、脉冲变压器、音频变压器等。

3. 掌握变压器的常见故障、检测和更换技巧

变压器的故障率较低，常见故障有烧坏、虚焊。

变压器检测用万用表电阻挡测量初级引线之间、次级引线之间应为相通状态。另外，也

可用电压法检测。首先检测初级线圈是否有交流200V，然后检测次级线圈是否输出与标注相同的电压，否则，说明变压器损坏。如果变压器损坏，则应更换相同型号变压器。

四、二极管识别与检测

（一）二极管的构成和作用

二极管是用半导体材料制成的电子元件。二极管是由一个PN结构成的，有两个电极，从P型区引出的线为正极或阳极，从N型区引出的线为负极或阴极。二极管在电路中的作用有整流、钳位、续流、"或"逻辑开关、保护其他元器件、显示、隔离等。

二极管在电路图中用D、VD表示，也有用CR表示的。稳压二极管符号为DZ或DW，发光二极管在电路图中用LED表示。二极管的电路图符号如图2-23所示。二极管外形如图2-24所示。

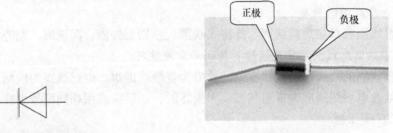

图2-23　二极管电路图符号　　　　图2-24　二极管外形

（二）二极管的种类

从用途上可分为整流二极管、开关二极管、检波二极管、发光二极管等。

从制造材料上可分为锗二极管、硅二极管等。

从结构材料上可分为点接触型二极管、面接触形二极管等。常用的点接触型二极管多用于高频检波、变频和开关电路中，有时也可用作小电流整流。

（三）掌握二极管的常见故障、检测和更换技巧

二极管的故障主要是烧断和击穿。烧断可用直观法检查。其他故障可用数字式万用表的二极管挡，测量二极管的正、反向电阻。如果测得正、反向电阻均为无穷大，则说明二内部断路；如果测得正、反向电阻为零，则表明二极管已击穿。断路或击穿的二极管均不能使用。

二极管检测如图2-25所示。

图2-25　二极管检测

二极管更换时可选用与原型号一样的二极管，并注意正负极不可接错。代换时高耐压的可取代低耐压的，高速的可以代替低速的，工作电流大的可以代换电流小的。

五、三极管识别与检测

（一）三极管的构成和作用

三极管具有体积小、质量轻、坚固耐振、使用寿命长、耗电省等优点。三极管是由三个PN结构成的。三极管有三个电极，即发射极e、基极b、集电极c。其中共用的一个电极称

为三极管的基极，其他的两个电极分别称为集电极和发射极。三极管因组合方式不同，有PNP 型和 NPN 型两种类型。三极管在电路中的作用是振荡、放大、开关、调制等。三极管的电路图符号如图 2-26 所示。三极管外形如图 2-27 所示。

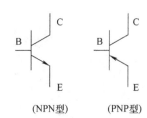

(NPN型)　　　(PNP型)

图 2-26　三极管的电路图符号

图 2-27　三极管外形

（二）国产二极管、三极管的命名

二极管、三极管的型号由四部分组成。

第一部分用数字表示管子电极的数目。例如，2 表示二极管，3 表示三极管。

第二部分用汉语拼音字母表示管子的材料和极性。例如，A 表示二极管时为 N 型锗管，表示三极管时为 PNP 型锗管；B 表示二极管时为 P 型锗管，表示三极管时为 NPN 型锗管；C 表示二极管时为 N 型硅管，表示三极管时为 PNP 型硅管；D 表示二极管时为 P 型硅管，表示三极管时为 NPN 型硅管。

第三部分用汉语拼音字母表示管子的类型，如表 2-5 所示。

表 2-5　汉语拼音字母表示管子类型对照表

字　母	类　型	字　母	类　型
P	普通管	X	低频小功率管
K	开关管	G	高频小功率管
W	稳压管	D	低频大功率管
Z	整流管	A	高频大功率管

第四部分用数字表示管子序号。序号后面往往还有 A、B、C 等符号，表示参数等级。例如，2AP9 表示普通的 N 型锗二极管；2CZ11H 表示整流用的 N 型硅二极管；3BX1 表示低频小功率 NPN 型锗三极管；3DG6 表示高频小功率 NPN 型硅三极管；3AX31C 表示低频小功率 PNP 型锗三极管；3DD103D 表示低频大功率 NPN 型硅三极管；3DG18 表示 NPN 型硅材料高频三极管。

（三）掌握三极管的常见故障、检测和更换技巧

三极管常见的是击穿、烧坏、断路及稳定性差等。三极管检测可用晶体管测试仪测量，业余维修人员可用万用表检测，测量方法可参照二极管的测量方法。

1. 测量 B、E 极的正、反向电阻

如果是普通三极管，用数字式万用表二极管挡，测三极管 B、E 极的正、反向电阻。如果测得正、反向电阻均为无穷大，则说明内部断路；如果测得正、反向电阻均为零，则说明内部击穿。断路或击穿的三极管均不能使用。

2. 测量 B、C 极的正、反向电阻

如果是普通三极管，用数字式万用表二极管挡，测三极管 B、C 极的正、反向电阻。如果测得正、反向电阻均为无穷大，则说明内部断路；如果测得正、反向电阻均为零，则说明内部击穿。断路或击穿的三极管均不能使用。

三极管检测如图 2-28 所示。

三极管的更换原则：频率高的可以更换频率低的，耐压高的可以更换耐压低的，功率大的可以更换功率小的。更换晶体管时应按原位置装好，如果以前安装在散热片上，则应照样安装，并加涂导热硅脂，以保证管子有良好的散热能力。

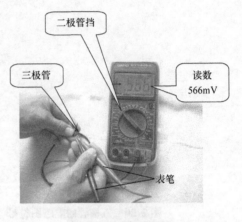

图 2-28　三极管检测

六、场效应管识别与检测

（一）场效应管的构成和作用

场效应管全称金属氧化物半导体场效应晶体管（VKMOS 管）。它是一种利用场效应原理工作的半导体器件，属于单极型电压控制器件。场效应管在电路中的作用是放大、调制、恒流源、阻抗变换、可变电阻等。场效应管是电压控制器件，主要是通过输入电压的变化来控制输出电流的变化，从而达到放大等目的。场效应管还具有开关速度快、热稳定性好、高频特性好、工作电流大、输出功率大等优点。工作电流可达 100A，输出功率可达 250W。

场效应管也有三个极：栅极 G（对应双极型三极管的 b 极）、漏极 D（对应双极型三极管的 c 极）、源极 S（对应双极型三极管的 e 极）。场效应管在原理图中的符号和三极管一样，用 Q 或 V 表示。也有使用字母 N 的。场效应管主要分结型场效应管和绝缘栅场效应管。结型场效应管又分 N 沟道管和 P 沟道管，绝缘栅场效应管简称场效应管。电动车控制器中功率部分基本都采用场效应管，它是控制器中损坏率较高的元件。场效应管电路图符号如图 2-29 所示。场效应管外形如图 2-30 所示。

（二）场效应管的标示方法

场效应管按国际 GB/T 249—2017 规定，由三部分组成，第一部分：用字母"CS"表示场效应管；第二部分：序号，用数字表示型号的序号；第三部分：规格，用字母表示，如图 2-31 所示。

（三）场效应管的常见故障、检测和更换技巧

场效应管的常见故障是烧坏、断路和击穿。检测方法与三极管的检测方相同。

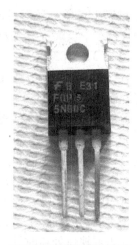

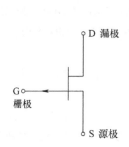

图 2-29 场效应管电路图符号

图 2-30 场效应管外形

场效应管更换原则：功率大的可代换功率小的，耐压高的可代换耐压低的，电流大的可代换电流小的，导通电阻小的可代换导通电阻大的。

七、集成电路识别与检测

（一）集成电路的构成和作用

集成电路是将电阻、电容和晶体管等元器件按特定电路的要求，制作在一块硅片上然后封装而成的，简称集成块。

集成电路的特点：集成度高，体积小，成本低，便于大量生产。此外，集成电路的可靠性高，稳定性好。

集成电路在电路图中的符号是 IC 或 U。

集成电路外形如图 2-32 所示。

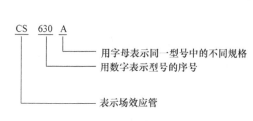

图 2-31 场效应管的标示方法

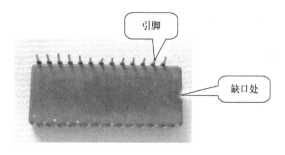

图 2-32 集成电路外形

（二）集成电路的类型和引脚识别

1. 集成电路类型

集成电路的种类很多，功能也有很大差别。按功能分，有数字集成电路和模拟集成电路；按结构分，有混合集成电路和薄膜集成电路；按集成度分，有小、中、大和超大规模集成电路。

电动自行车电器中常用的三端稳压器（又叫三端稳压源）有 LM7805、LM7812、

LM7815、LM78L05 等。还有可调型正三端稳压器，如 LM317、LM337 等。

电动自行车中仪表、灯光及无刷控制器中的开关型 DC/DC 双列直插式集成电路常用的型号有 MC33033、MC34063A、LT1074、LM2576 等。

电动自行车电器中的电压比较器有 LM393、LM339 等。稳压管中常用的有 TL431，三个脚。脉宽调制电路有 UC3842、UC3844N、UC3845、KA7500B、TL494、SG3525 等。运算放大器有双运放 LM358、LM324 等。无刷控制器芯片有 MC33035、LB11820、A3932SEQ 等。

2. 集成电路引脚识别

集成电路内部结构不同，用途也不同，它们的形状和引出线也不一样。扁平封装的外壳为陶瓷和塑料的两种，引线形式也有两种：一种是单列，另一种是双列。双列引线又有直脚引线和弯脚引线两种，现在以弯脚的为多，称双列直插式。它不仅可直接焊接在印制板上，也可插在相应的引脚插座上，这样能随时插拔，便于维修。集成电路引脚顺序按正视图，从白色圆点标志或缺口处逆时针数为 1、2、3、4 等。

（三）集成电路的常见故障、检测和更换技巧

集成电路的常见故障是供电和输出引脚击穿、烧断、失效或霍尔元件引脚或引线断开、脱落。

集成电路的检测和晶体管基本一样，选用数字式万用表的二极管挡，测量集成电路的各脚对地正、反向电阻值，通过已掌握的各引出脚间电阻值（包括正、反向电阻）来进行测量比较，或对照另一只同型号集成电路来测量。还可以在电路中测量各脚电压值，对照图纸给定的数据，判断其好坏。所以集成电路的测量与好坏判断最好有集成电路的数据资料，以便于维修。

集成电路更换必须对号入座，使用相同型号更换。

八、霍尔元件识别与检测

（一）霍尔元件的构成和引脚功能

霍尔元件是利用霍尔效应制成的电子元件。霍尔元件外形如图 2-33 所示。

1879 年，霍尔发现在与通电的导体或半导体的电流方向垂直方向上施加磁场时，会在既与电流垂直又与磁场垂直的方向上出现感应电压，这一效应取名于物理学家爱得文·霍尔的名字，叫霍尔效应。

霍尔元件外形与小功率三极管相似，有三个引脚，左侧引脚是电源正极引脚，右侧引脚是输出信号引脚，中间引脚是电源负极和信号脚公共负极引脚。霍尔元件引脚功能如图 2-34 所示。

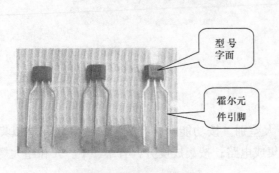

图 2-33　霍尔元件外形

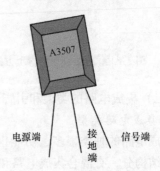

图 2-34　霍尔元件引脚功能

（二）霍尔元件的种类

电动车常用的霍尔元件有两类：开关型霍尔元件和线性霍尔元件。

开关型霍尔元件用于无刷电动机，它的输出电压在 0～5V 变化。无刷电动机常用的霍尔元件有 AH41、AH61、AH512、AH3114、AH3175、A3144EU（A）、A3172XU（A）、3144等。

速度转把一般采用线性霍尔元件，它的输出电压在 1～4.2V 变化。常用的有 UGN3502、UGN3503、SS496B、KB3503。

（三）霍尔元件的常见故障、检测和更换技巧

霍尔元件常见的故障是击穿、烧断和性能发生变化。

霍尔元件的检测可用数字式万用表的二极管挡测量对地脚的正、反向电阻做出判断。也可用万用表电压挡测量，首先测量霍尔元件的供电脚电压，然后测量霍尔的输出脚，如果没有正常的电压输出，则说明霍尔元件损坏。

如果霍尔元件损坏，则应用相同型号的更换。

九、互感滤波器识别与检测

互感滤波器由两个一样的线圈和磁心构成。它的作用主要是滤除交流电及外界干扰，使用在电源电路的交流输入部分。互感滤波器外形如图 2-35 所示。

互感滤波器的故障率较低，检测时可用万用表的蜂鸣器挡，测量互感滤波器的输入脚与输出脚，应为相通状态，否则说明互感滤波器损坏，应更换相同型号的互感滤波器。

图 2-35　互感滤波器外形

十、光电耦合器识别与检测

光耦合器亦称光电隔离器或光电耦合器，简称光耦。光电耦合器主要作用是隔离干扰和传送信号。光电耦合器由发光部分（发光二极管）和受光部分（光敏二极管）组成，两部分相互独立封装在一起。它是以光为媒介来传输电信号的器件，通常把发光器（红外线发光二极管）与受光器（光敏半导体管）封装在同一管壳内。当输入端加电信号时发光器发出光线，受光器接收光线之后就产生光电流，从输出端流出，从而实现了"电—光—电"转换。

光电耦合器电路图符号如图 2-36 所示。光电耦合器外形如图 2-37 所示。

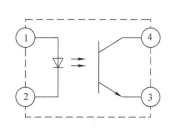

图 2-36　光电耦合器电路图符号

图 2-37　光电耦合器外形

光电耦合器常见的有 4 脚直插和 6 脚直插两种。引脚识别与普通集成电路一样，以标示

点或缺口处，从器件正面看按逆时针方向数为第1引脚、第2引脚……

　　光电耦合器主要应用于充电器和控制器的稳压控制电路，一般采用更换法判断是否损坏。

十一、风机识别与检测

　　风机的作用是降温散热，电动自行车充电器内常用的是12V风机。风机由直流电动机、风叶和支架构成。风机的检测可用直接供电法，将12V风机的正负极引线直接对接12V蓄电池的正负极，如果风机不转，则说明风机损坏，应更换。

　　风机的外形如图2-38所示。

十二、散热片与导热硅脂识别

图2-38　风机的外形

　　在电动自行车充电器与控制器中，发热量大的电子元件加装了散热片，在元件和散热片之间有的加装了绝缘垫片，绝缘垫片有硅橡胶和聚酯薄膜两种。在维修更换安装MOS管时应注意，固定螺钉上还有个环状塑料绝缘垫，一定要安装好。另外，元件与散热片上还涂有导热硅脂。导热硅脂是一种既绝缘又导热的白色液体。散热片外形如图2-39所示，导热硅脂外形如图2-40所示。

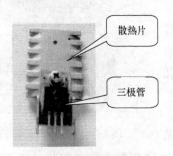

图2-39　散热片外形

图2-40　导热硅脂外形

十三、熔断器、管座识别与检测

　　熔断器俗称保险管，是由熔丝、玻璃管、金属帽构成的保护元件。熔断器的作用是当电路由于某种原因（如短路）引起电流增大，超过熔断器的额定电流值时，熔断器内熔丝就会熔断，起保护其他元器件的作用。

　　熔断器的电路图符号如图2-41所示。熔断器和管座的外形如图2-42所示。

图2-41　熔断器的电路图符号

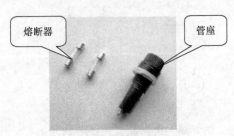

图2-42　熔断器和管座的外形

电动自行车中常见熔断器规格有 5×20（mm）、6×30（mm）两种，额定电流有 2A、3A、5A、20A、30A 等。充电器中使用的规格是 5×20（mm），额定电流为 2A、3A 和 5A。蓄电池盒内使用的熔断器规格为 5×20（mm）、6×30（mm）两种，额定电流为 20A、30A。

熔断器检测可用直观法观察，如果外观发黑、烧坏，则说明熔断器已损坏。也可用万用表的蜂鸣器挡测量，如果熔断器不通，则说明熔断器已损坏，应更换同型号的熔断器。

第三章

掌握特殊电气部件的接线与检测技巧

第一节 掌握显示仪表的接线与检测技巧

一、显示仪表的作用和种类

1. 显示仪表的作用

显示仪表的作用是显示电动自行车当前状态，一般安装在电动自行车车把中间部位，用户能直接观察仪表，了解电动自行车的整车工作情况。显示仪表能显示蓄电池电量、行车速度、骑行状态、灯具状态等。显示仪表的安装位置如图3-1所示。

2. 显示仪表的种类

显示仪表按结构分类有发光二极管仪表、指针式仪表、液晶仪表等。按供电电压分有36V仪表、48V仪表和60V仪表等。

二、显示仪表的结构和接线技巧

1. 发光二极管显示仪表的结构和接线技巧

发光二极管显示仪表一般在简易型电动自行车中使用，其供电电压与蓄电池电压一致。它的内部电路由电子元器件组成，与整车及灯具部分电路分离。早期有的车型将转把、刹把电路经过仪表电路板过渡，目前的新车已不再采用这种电路。发光二极管显示仪表外形如图3-2所示。发光二极管显示仪表内部电路板如图3-3所示。

图3-1 显示仪表的安装位置

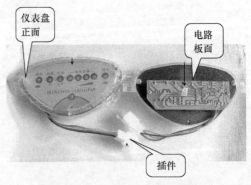

图3-2 发光二极管显示仪表外形

发光二极管显示仪表主要功能有电源指示、蓄电池电量显示、转向指示、蓄电池欠电压指示等。它的输出引线有4根，这4根线不经过控制器，分别是红、黑、黄、绿引线，其中红、黑线接电源锁后蓄电池的正、负极，黄、绿线是左右转向灯引线，分别与左右转向灯并联。发光二极管显示仪表引线功能如图3-4所示。36V有刷电动自行车显示仪表接线技巧如图3-5所示。

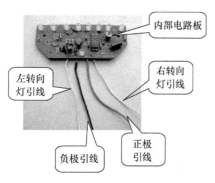

图3-3 发光二极管显示仪表内部电路板

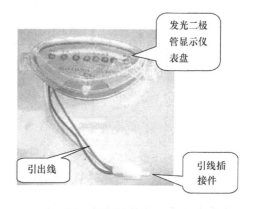

图3-4 发光二极管显示仪表引线功能

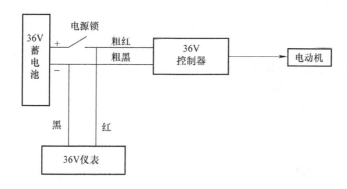

图3-5 36V有刷电动自行车显示仪表接线技巧

2. 指针式显示仪表的结构和接线技巧

指针式显示仪表的内部是由指针式直流电压表头组成,其供电电压与蓄电池电压一致,仪表内部电源指示电路直接与电源锁后蓄电池正、负板引线相连,时速显示引线接控制器的绿色仪表线。其他灯具部分与相对应的灯具引线并联接线。指针式显示仪表外形如图3-6所示。48V无刷电动自行车显示仪表接线技巧如图3-7所示。

图3-6 指针式显示仪表外形

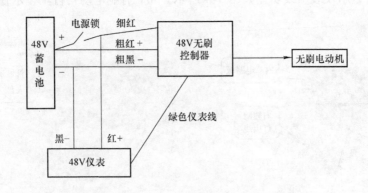

图 3-7　48V 无刷电动自行车显示仪表接线技巧

3. 液晶式显示仪表的结构和接线技巧

液晶式显示仪表采用液晶显示代替传统的指针指示，数字条码同时显示，寿命长，耗电量小；光线柔和，且抗振动，使显示更加直观精确，工作环境为 $-20 \sim 70℃$。液晶式显示仪表集成显示了目前电动自行车上的大部分控制功能，豪华美观耐用。采用微电脑芯片控制，抗干扰能力强，功耗低，耐冲击，故障率低，经久耐用。液晶式显示仪表的供电电压与蓄电池电压一致，仪表的正负引线直接与电源锁后蓄电池正、负板引线相连。

液晶式显示仪表盘

液晶式显示仪表外形如图 3-8 所示。

图 3-8　液晶式显示仪表外形

三、显示仪表的检测和更换

1. 发光二极管显示仪表检测与更换

发光二极管显示仪表常见的故障是电源显示损坏或某个转向灯损坏。维修时打开电源锁，用万用表的直流电压挡测量红黑供电线，应与蓄电池电压一致，如果有正常电压，仪表无电源显示，则说明仪表损坏，应更换新的仪表。

仪表的更换：一般应选用与原仪表外形和电压一样的进行更换。

2. 指针式显示仪表检测及更换

指针式显示仪表的故障主要是引线插件或指针仪表头故障。检修时打开电源锁，测量仪表的红、黑正负极引线，如果有与蓄电池组一致的电压，仪表上的电源指针无摆动，则说明仪表损坏，应更换新件。

如果仪表损坏，则应选择外形和供电电压一致的仪表更换，在拆装仪表时，需要特别注意的是电源的正负极不可接错。

3. 液晶式显示仪表检测与更换

液晶式显示仪表的电路复杂，故障率相对也高。有的液晶式显示仪表电路可以不依赖于控制器电路，能独立工作，有的液晶式显示仪表必须依赖控制器里面的单片机的数字信号才能工作。由于涉及显示驱动程序的软件与单片机的型号，这种仪表一旦出现故障，只能更换仪表总成。

第二节　掌握灯具和开关结构与检修技巧

一、灯具结构和接线技巧

1. 灯具部分规格型号

电动自行车的灯具包括前大灯、后尾灯、左右转向指示灯和刹车灯。前大灯、后尾灯、刹车灯一般采用组合件。前大灯组件外形如图 3-9 所示。后尾灯组件外形如图 3-10 所示。

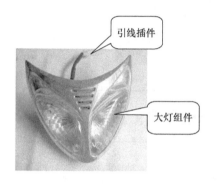

图 3-9　前大灯组件外形

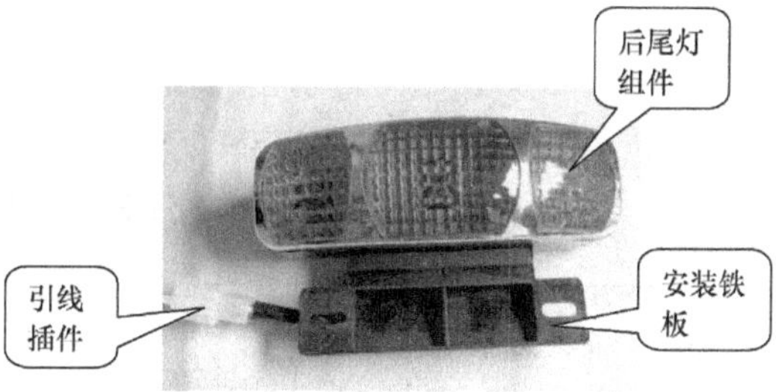

图 3-10　后尾灯组件外形

电动自行车用灯泡常见的有平脚灯泡、插泡、高低脚灯泡、带盘灯泡、单极性灯泡和双极性灯泡等。常见灯泡外形如图 3-11 所示。

灯具常见的规格如下：

1）12V 系列：12V/35W、25W 大灯；12V/10W、5W 尾灯；12V/5W/3W 转向灯、仪表照明灯；12V/3W 电源指示灯。

2）36V 系列：36V /10W 大灯；36V /10W、5W 尾灯；36V /3W 转向灯、仪表照明灯、电源指示灯。

3）48V 系列：48V /10W、25W、35W 大灯；48V /10W、5W 尾灯；48V /3W 转向灯、仪表照明灯、电源指示灯。

图 3-11　常见灯泡外形

2. 灯具的接线技巧

灯具的接线方法是前、后灯并联在电路中，豪华型车还并联有仪表灯。大灯部分还串联有远近光开关，转向灯部分还串联有闪光器。如果电动自行车上安装有转换器，则灯具部分采用 12V 供电；如果没有转换器，则使用原车上蓄电池组直接供电。

大灯在电动自行车上的接线方法如图 3-12 所示。

3. 灯具的常见故障和检修技巧

灯具的常见故障是烧坏后灯丝断裂，烧坏后通过肉眼就可看出，也可通过万用表蜂鸣器挡测量，不通说明损坏。

灯泡的更换应与原电压、功率一样，否则会造成损坏或灯光不强。

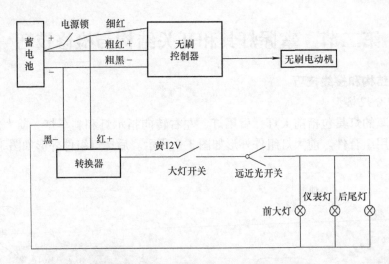

图 3-12　大灯在电动自行车上的接线方法

知识扩展

特殊故障

电动自行车行驶正常，当打开大灯开关时，电动自行车整车无电。

目前的豪华电动自行车带有短路保护功能，如果前大灯或后尾灯损坏后短路，当打开大灯开关后，会造成整车没电的故障。故障原因是前大灯灯泡和后尾灯灯泡烧坏短路，控制器带有短路保护功能，断开整车电源。检查维修更换同型号灯泡，如果经检查发现前大灯灯泡和后尾灯灯泡未烧坏，则应进一步检查大灯电路引线是否短路。

二、开关结构与检修技巧

1. 开关结构和接线方法

电动自行车的喇叭开关、大灯开关实际是个单刀单掷开关。大灯开关外形如图 3-13 所示。喇叭开关外形如图 3-14 所示。转向开关是一个单刀双掷开关，如图 3-15 所示。电动自行车开关部分都是控制电源的正极引线，在电动自行车上所有的负极线都共用。在有些车型上，喇叭、大灯、转向灯这 3 个开关往往组合在一起，所以叫组合开关。组合开关外形如图 3-16 所示。组合开关在车上的位置如图 3-17 所示。

图 3-13　大灯开关外形

图 3-14　喇叭开关外形

图 3-15　转向开关外形

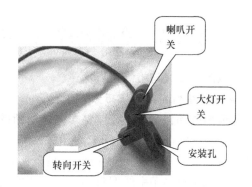

图 3-16　组合开关外形

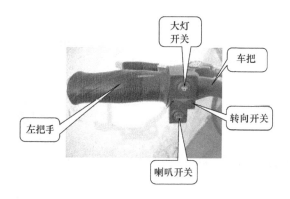

图 3-17　组合开关在车上的位置

2. 开关常见故障和检修技巧

开关常见故障是损坏不通，检测时可用万用表的蜂鸣器挡测量，当开关拨到开位置时，应为相通状态，否则说明开关损坏，应更换新件。维修时也可用更换法排除故障。通断法检测组合开关如图 3-18 所示。

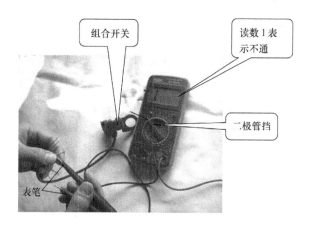

图 3-18　通断法检测组合开关

第三节 掌握特殊电气部件的接线与检测技巧

一、电源锁接线与检修技巧

1. 电源锁结构和接线技巧

电源锁是电动自行车上控制整车电路通断的部件，也就是说电源锁是整车电路总开关。它有两个挡位，ON 表示开，OFF 表示关，K1 表示一挡，K2 表示二挡。三条引线，红色是电源锁进线，黄色和蓝色（或白色）是电源锁输出线。电源锁外形及引出线如图 3-19 所示。电动摩托车有多条引线但只用了其中两条引线。电源锁根据外形大小分为大、中、小头电源锁，带锁车把的电源锁、品牌车专用电源锁等。带锁车把的电源锁外形如图 3-20 所示。电源锁原理图如图 3-21 所示。

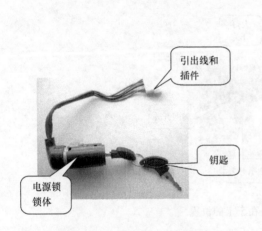

图 3-19 电源锁外形及引出线

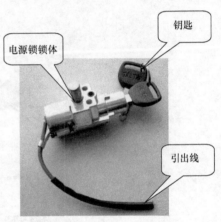

图 3-20 带锁车把电源锁外形

36V 有刷电动自行车，电源锁接在蓄电池与控制器连接的正极线中间，所以整车电流经过电源锁，因为流过电源锁电流较大，容易损坏电源锁。36V 有刷电动自行车电源锁接线示意图如图 3-22 所示。

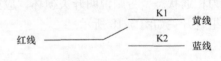

图 3-21 电源锁原理图

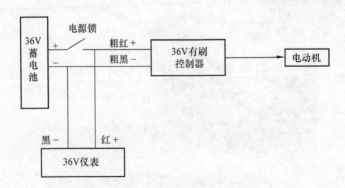

图 3-22 36V 有刷电动自行车电源锁接线示意图

48V无刷电动自行车控制器上专门引出一根电源锁线，常用细红或细橙线，电源锁红色进线接蓄电池正极线，电源锁输出线接控制器的电源锁线，因此整车电流不流过电源锁，只有灯具、喇叭等通过电源锁控制，因此电源锁只是信号开关，不常损坏。48V无刷电动自行车电源锁接线示意图如图3-23所示。

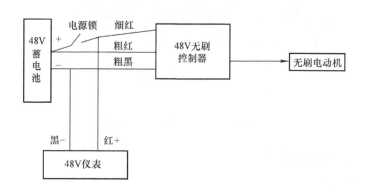

图3-23 48V无刷电动自行车电源锁接线示意图

2. 电源锁的检测和更换技巧

（1）电源锁常见故障

电源锁常见故障是电门开关失灵，不能控制整车供电开和关，电源锁损坏需更换新件，如果是锁钥匙转动不灵活，则可加入机油或铅粉排除。

（2）电源锁检测技巧

电源锁检修方法如下：

1）测通断法。将万用表置于蜂鸣器挡位，去掉蓄电池供电插头，打开电源锁开关，测量电源锁两条引线应为相通状态，否则说明电源锁损坏，应更换新件。通断法检测电源锁如图3-24所示。

2）测电压法。将万用表置于直流200V挡，找到电源锁引线插件，首先测量电源锁红色进线与蓄电池负极是否有蓄电池电压，然后打开电源锁开关，测量电源锁输出线（黄色或蓝色）与黑色负极线是否有电压（与

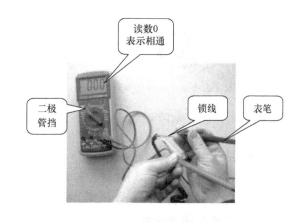

图3-24 通断法检测电源锁

进线电压一致），否则说明电源锁损坏，应更换同型号新电源锁。测电压法检测电源锁如图3-25所示。

3）短接法。将电源锁的红色进线与输出线（黄色或蓝色）直接短接，如果全车有电，则说明电源锁损坏，应更换同型号新电源锁。

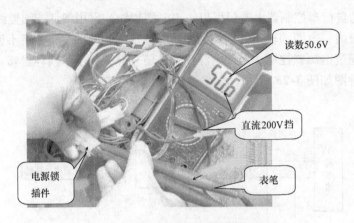

图 3-25　测电压法检测电源锁

二、闪光器接线与检修技巧

1. 闪光器接线方法

闪光器的作有是为转向灯提供间隙电压，转向灯才会不停地闪烁，并发出声音。常见的闪光器有两个引脚，外壳的引脚标注 B 表示进线，L 表示输出极，接线时不能接错。闪光器通常串联在转向灯和转向开关之间，而且在转向开关前面，这样可以控制左右转向灯。另外还有一种 3 根引线的闪光器（一般在摩托车上使用），红线是闪光器的正极线，黑线是负极线，另一根是输出线。闪光器常见的工作电压有 12V、36V、48V、60V 等。两个引脚闪光器外形如图 3-26 所示。三个引线闪光器外形如图 3-27 所示。

图 3-26　两个引脚闪光器外形

图 3-27　三个引线闪光器外形

2. 闪光器检测和更换

闪光器检测可用更换法和短接法。若转向灯不亮时，可将闪光器输入与输出线短接，如果短接后恢复正常，则表明闪光器损坏，应更换新件。

三、调速转把接线与检修技巧

1. 调速转把构成和类型

调速转把是一种线性调速部件，目前，常用的是霍尔型转把。它的工作原理是霍尔输出电压的大小取决于霍尔元件周围的磁场强度。旋转转把，改变了霍尔元件周围的磁场强度，也就改变了霍尔转把的输出电压。然后，转把将这个电压输入给控制器，控制器再根据这个信号的大小控制电动机转速变化。霍尔型转把内部构造如图 3-28 所示。

调速转把根据外形分有普通形转把、鼓肚形转把、巡航转把、带变速转把、带倒车转

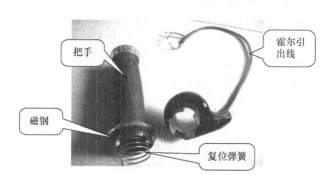

图 3-28　霍尔型转把内部构造

把、品牌车专用转把等。转把使用 2.5mm 内六方螺栓固定在右侧车把上。调速转把在车上的安装位置如图 3-29 所示。

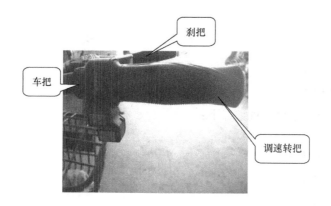

图 3-29　调速转把在车上的安装位置

2. 调速转把引出线和接线技巧

调速转把一般有三根引出线，实际上就是霍尔元件的三根引出线，它们分别为红色+5V 电源线、黑色负极线、绿色 1～4.2V 信号输出线。调速转把引线功能如图 3-30 所示。调速转把外形和引出线如图 3-31 所示。

转把细红线　——三芯插件——　电源+5V
转把细黑线　————————　负极线
转把细绿线　————————　信号输出线

图 3-30　调速转把引线功能

图 3-31　调速转把外形和引出线

转把引线与控制器引线的接线方法是先找出转把与控制器的 +5V 红色电源线进行对接，

然后将转把的负极线与控制器的负极引出线对接，再把剩下的一条信号线接通即可。打开电源锁，旋转转把试车，如果电动机不转，则说明负极线与信号线接反，将负极线与信号线对调即可。如果是带巡航或变速功能的转把，则可用万用表的蜂鸣器挡分别测量转把的引出线，如果其中两根引线相通，则说明这两根线就是巡航或变速引线，其余三根是转把引线。转把引线与控制器引线的接线示意图如图3-32所示。

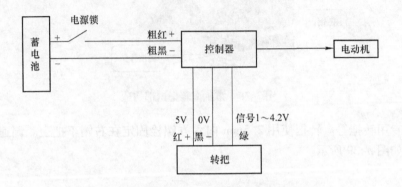

图3-32   转把引线与控制器引线的接线示意图

3. 转把故障和检修技巧

（1）转把常见故障

转把损坏电动自行车故障现象以下：

1）电动机不转；

2）电动机时转时停；

3）电动机转速低；

4）电动机高速度运转。

（2）转把检修技巧

转把检修技巧如下：

1）测电压法。打开电源锁，用万用表直流20V挡测量转把的红、黑引线，应有5V左右的电压，说明控制器输出5V正常，否则说明控制器损坏造成电动机不转，如图3-33所示。如果5V供电正常，然后旋转转把，测量信号线与负极线之间的电压应为1～4.2V变化，否则说明转把损坏，应更换新件，如图3-34所示。

2）短接法。打开电源锁，将转把的红色5V供电线与绿色信号线直接短接，如果电动机高速运转，则说明原转把损坏，应更换新件。

3）更换法。直接用新的转把更换原车旧转把试验，如果电动机转速正常，则说明原车旧转把损坏。

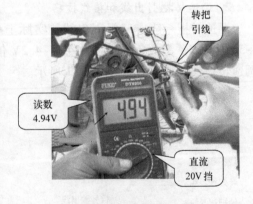

图3-33   测量转把5V供电

4）拆除法。如果电动机高速度运转，可将转把引线取掉，如果电动机不再高速运转，则说明是转把损坏引起的，应更换新件。

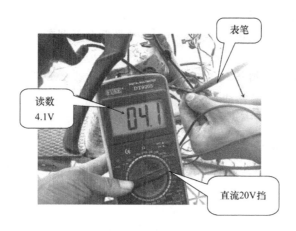

图 3-34　测量转把输出电压

> **知识扩展**
> 　　实际维修时，转把损坏，会造成电动自行车出现不同的故障现象，可针对性选择不同的检测方法。需要说明的是，如果转把的红、黑线短接或黑色负极线脱落，也会造成电动机高速运转，维修时应注意检查。

四、刹把接线与检修技巧

1. 刹把构成与类型

刹把的作用是当刹车时，输给控制器刹车信号，控制器断开电动机供电，使电动机停止转动。目前常见的是机械式开关型刹把，它有两条引出线，一条是红色输入进线，另一条为黑色输出线。它的内部就是一个开关，当手捏住刹把后，开关闭合，将刹车信号传递给控制器，控制器断开电动机供电，起断电刹车作用。刹把外形和引出线如图 3-35 所示。

刹把根据材质分类有塑料刹把、半铝刹把、全铝刹把。刹把常用 5mm 内六螺栓固定在左右车把上。刹把在车上的安装位置如图 3-36 所示。

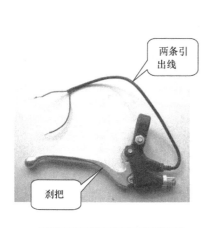

图 3-35　刹把外形和引出线

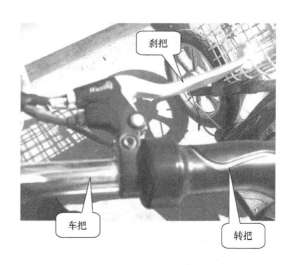

图 3-36　刹把在车上的安装位置

2. 刹把与控制器接线技巧

引出线刹把与控制器相配套有两种接法:一种是低电平刹车控制器,另一种是高电平刹车控制器。

如果是低电平刹车,控制器上有红、黑两条刹车引出线,分别与刹把的红、黑线对接即可。刹把与低电平刹车控制器接线示意图如图3-37所示。

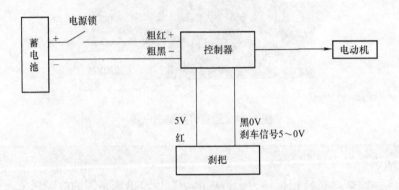

图3-37　刹把与低电平刹车控制器接线示意图

如果是高电平刹车控制器,控制器上一般只有一条刹车引出线,将这条高电平刹车线与刹把的黑色线对接,同时刹把黑色线要与刹车灯线相接,然后将刹把红色线与转换器的12V输出线对接。当捏刹把时,刹把开关导通,12V刹车信号给控制器,控制器断开电动机供电,同时刹车灯点亮。刹把与高电平刹车控制器接线示意图如图3-38所示。

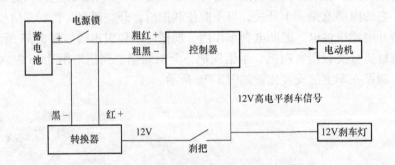

图3-38　刹把与高电平刹车控制器接线示意图

3. 刹把故障和检修技巧

(1) 刹把常见故障

刹把损坏电动自行车故障现象以下:

1) 刹车不断电;

2) 常断电,造成电动机不转;

3) 电动机时转时停。

(2) 刹把检修技巧

1）测电压法。将万用表置于直流20V挡，打开电源锁，旋转转把，电动机转动，手捏刹把，测量刹把的红、黑引线电压应从5V到0V变化，否则说明刹把损坏，应更换新件。测电压法检测刹把如图3-39所示。

2）测通断法。将万用表置于蜂鸣器挡位，手捏刹把，测量刹把的红、黑引线，应为相通状态，否则说明刹把损坏，应更换新件。通断法检测刹把如图3-40所示。

图3-39　测电压法检测刹把

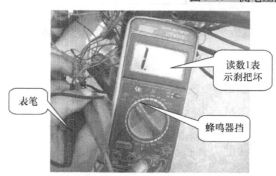

图3-40　通断法检测刹把

3）断开法。如果刹把常断电造成电动机不转的故障，则断下刹把引线；如果电动机旋转正常，则说明刹把损坏，应更换新件。

五、助力传感器接线与检修技巧

1．助力传感器构成和接线技巧

助力传感器的作用是通过脚蹬使中轴上的磁盘转动，使霍尔元件产生助力信号，通过控制器驱动电动机旋转。助力传感器内部采用霍尔元件，其原理与转把工作原理基本一样。助力传感器外形如图3-41所示。助力传感器在车上的安装位置如图3-42所示。

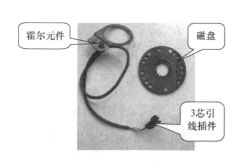

图3-41　助力传感器外形

图3-42　助力传感器在车上的安装位置

　　助力传感器与控制器的连接一般有3芯插件，其中红线是助力传感器5V供电线，黑线是助力传感器的负极线，另一根绿线（或蓝线）是助力传感器的信号线。

　　助力传感器与控制器的接线示意图如图3-43所示。

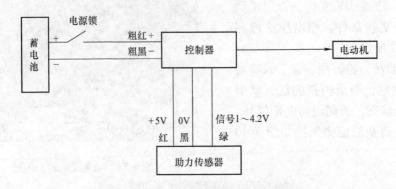

图3-43　助力传感器与控制器的接线示意图

2. 助力传感器故障和检测技巧

　　助力传感器故障：不能输出助力信号，造成助力功能失效。

　　检测技巧：将万用表置于直流电压挡，打开电源锁，首先测量助力传感器的红、黑线应有5V左右的电压，然后转动中轴，测量助力传感器的信号线与地线电压应为1~4.2V，说明助力传感器正常，否则说明助力传感器损坏，应更换新件。

> **专家指导**
>
> 　　① 如果助力传感器出现故障，则应更换新的助力传感器；如果更换控制器，需控制器带有助力传感器接头插件，才能使用助力传感器功能。
> 　　② 更换助力传感器时，应注意有磁钢的一面要面向霍尔元件位置，并且与霍尔传感器有1~4mm的间距。

六、转换器接线与检修技巧

1. 转换器构成和接线方法

　　转换器是一种DC-DC直流变压部件，它的作用是将蓄电池组的36V、48V或60V电压转换成12V电压供给灯具和喇叭使用。转换器有三条引线，红线是蓄电池电源输入线，接电源锁后的蓄电池引线；黑线是公共接地线，接蓄电池负极线；另一条是黄线（或白色）+12V输出线，接灯具和喇叭正极线。转换器外形如图3-44所示。转换器在电动自行车上的接线方法如图3-45所示。

2. 转换器故障和检测技巧

（1）转换器的常见故障

　　转换器的常见故障是不能输出12V，如果电动自行车中灯具和喇叭都不工作，则说明转换器损坏。

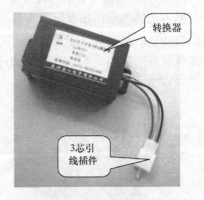

图3-44　转换器外形

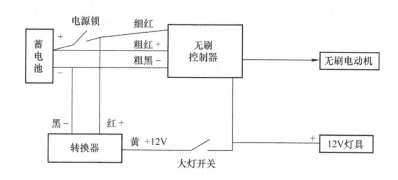

图 3-45　转换器在电动自行车上的接线方法

（2）转换器的检测技巧

转换器的检测：可将万用表置于直流 200V 电压挡，打开电源开关，首先测量转换器的输入引线，应与蓄电池组的电压一致，然后测量转换器的输出线，应有 12V 左右的电压，说明转换器正常，否则说明转换器损坏，应更换新件。测量转换器的输出电压如图 3-46 所示。

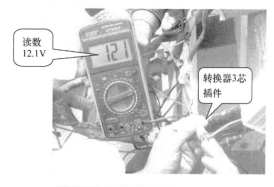

图 3-46　测量转换器的输出电压

知识扩展

检修转换器时，注意检查转换器的红色输入引线，大多数厂家在其上安装有一个 10A 保险管，检修时注意检查保险管是否损坏，如果损坏，则更换同型号保险管。

七、喇叭接线与检修技巧

1. 喇叭类型和接线方法

电动自行车用喇叭有塑料喇叭和铁喇叭两种。如果电动自行车上安装有转换器，喇叭采用 12V 供电；如果没有转换器，则使用车上蓄电池组供电，工作电压有 36V、48V、60V 等。塑料喇叭外形和引出线如图 3-47 所示。铁喇叭外形和接线柱如图 3-48 所示。

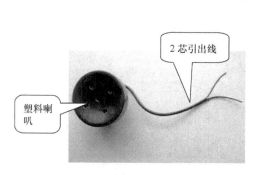

图 3-47　塑料喇叭外形和引出线

图 3-48　铁喇叭外形和接线柱

　　塑料喇叭有两条引线，有正负极之分，红线是正极，黑线是负极；铁喇叭有两个接线柱，无正负极之分。另外，还有多功能塑料喇叭，它与控制器相连，在打开电动自行车某个部件时，例如打开电源锁、倒车、转向时塑料喇叭会发出声音。

　　多功能塑料喇叭外形及引线如图3-49所示。喇叭在电动自行车上的连线方法如图3-50所示。

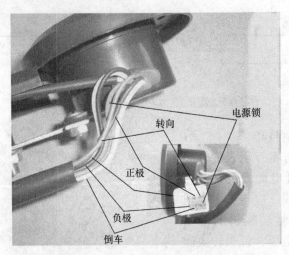

图3-49　多功能塑料喇叭外形及引线

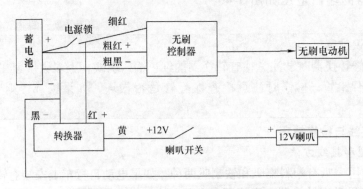

图3-50　喇叭在电动自行车上的连线方法

2. 喇叭故障和检维技巧

　　喇叭常见故障是不能发出声音，维修时一般是更换新件。

　　喇叭故障检测方法：打开电源锁，按动喇叭开关，用万用表的200V直流电压挡测量喇叭的两条引线，如果有电压，喇叭不响，则说明喇叭损坏。图3-51所示为测电压法检修喇叭。

图3-51　测电压法检修喇叭

知识扩展

　　检修喇叭好坏，可能用直接供电法，首先观察待检修的喇叭工作电压是多少，然后用蓄电池直接给喇叭供电，如果喇叭发出声音，则说明喇叭正常，否则说明喇叭损坏。

八、空气开关接线与检修技巧

1. 空气开关的作用和接线方法

　　空气开关的作用是指通过开关的电流（一般导线都有最大允许通过电流值）超过一定值时自身会发热，（利用双金属片受热弯曲的原理）导致开关里面的脱扣装置脱扣，从而切断电源，保护电路不因过大的电流而烧毁。空气开关一般安装在 500W 电动摩托车上，通常安装在坐垫下面的储物箱内。空气开关外形如图 3-52 所示。空气开关在电动摩托上的安装位置如图 3-53 所示。

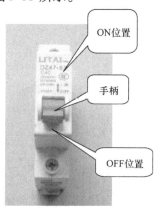

图 3-52　空气开关外形

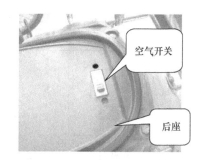

图 3-53　空气开关在电动摩托车上的安装位置

　　空气开关有两个挡位，ON 位置是开，OFF 位置是关。它一般串联在电源锁后的红色正极引线上，一进一出，控制电路的通断。

2. 空气开关故障和检修技巧

　　空气开关故障是开关失灵后造成常开或常断。检修时可将万用表置于蜂鸣器挡位，将空气开关拨到 ON 位置，万用表应为相通状态；拨到 OFF 位置，应为断开状态，否则说明空气开关损坏，应更换新件。空气开关检测如图 3-54 所示。

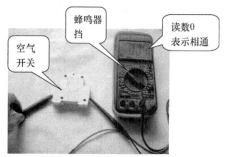

图 3-54　空气开关检测

九、防盗报警器接线与检修技巧

　　防盗报警器的作用是增加偷盗难度及警吓窃贼和提醒车主，防止电动自行车被盗。防盗报警器外形如图 3-55 所示。

　　普通防盗报警器接线方法是将防盗报警器主机的正极（红线）、负极（黑线）分别接到蓄电池组的正、负极上（电源锁之前），切勿接反，否则会烧坏防盗报警器。另一根是天线，不需要接。普通防盗报警器接线图如图 3-56 所示。

　　断电型防盗报警器的接线方法是首先按普通型的接法接好红、黑两根供电线之外，还要

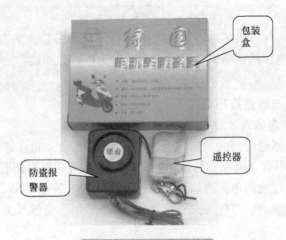

图 3-55 防盗报警器外形

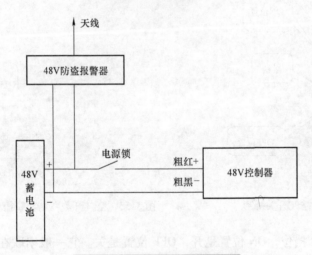

图 3-56 普通防盗报警器接线图

将转把红色 5V 线断开，接在转把的 5V 供电线上，如果防盗报警器发出报警声，则内部电路可切断转把 5V 供电，从而起防盗作用。断电型防盗报警器接线方法如图 3-57 所示。

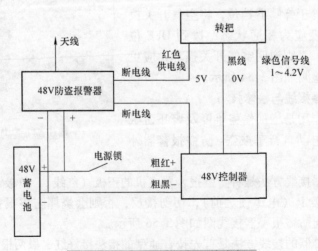

图 3-57 断电型防盗报警器接线方法

专家指导

① 当发现遥控距离缩短和遥控器指示灯变暗时，则及时更换遥控器内电池，并注意区分正负极。

② 遥控器是精密制造，切勿重摔并防止雨淋。

③ 如果防盗报警器损坏，一般需更换新件。

第四章
搞清电动机的构成与接线技巧

第一节　了解电动机种类特点

一、电动机种类

电动机是电动自行车的电气四大件之一，也是电动自行车上的关键部件，它关系到整车的运行速度和安全等诸多方面。

电动机按使用电源不同分为直流电动机和交流电动机，电动自行车电动机属于直流电动机。将直流电能转换成机械能的电动机称为直流电动机。

1）电动机按工作电压分为36V、48V、60V。

2）电动机按功率分为180W、250W、350W、450W、600W、800W、1000W、1200W。

3）电动机按有无齿轮分为高速有齿电动机和低速无齿电动机。

4）电动机按有无电刷分为有刷电动机和无刷电动机。

二、电动机的命名方式

国家标准对电动机的命名方法如图4-1所示。

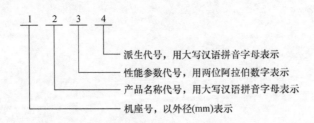

图4-1　电动机的命名方法

SYT 表示铁氧体永磁式直流伺服电动机；SYX 表示稀土永磁式直流伺服电动机；SXPT 表示铁氧体永磁式线绕盘式直流电动机；SXPX 表示稀土永磁式线绕盘式直流电动机；SWT 表示铁氧体永磁式无刷直流伺服电动机；SWX 表示稀土永磁式无刷直流伺服电动机；SN 表示印制绕组直流伺服电动机；YX 表示三相异步电动机。

举例说明：180SYX01A 表示外径 180mm，稀土永磁式直流伺服电动机，厂家 01A 类产品。

三、电动自行车常用电动机

1. 有刷电动机

有刷电动机在早期电动自行车上使用较多，有刷电动机顾名思义就是电动机内部有电刷存在。有刷电动机是内含电刷装置的将电能转换成机械能的旋转电动机。有刷电动机是所有电动机的基础，它具有起动快、制动及时、可在大范围内平滑地调速、控制电路相对简单等特点。

有刷电动机的缺点是耗电量大，电动自行车续行里程相对较短，需定期更换电刷。特别是在起动、爬坡、过载的情况下，耗电更大，大量的能量转化为热能。在过载情况下，电动机发热严重，甚至会导致磁钢磁性能下降，电动机效率进一步下降。有些用户用了半年、一年以后，行驶里程明显缩短，就是这个原因。所以这种电动机不适宜反复起动、有坡度的路面状况和体重较重的骑行者，只适用于路面平坦，骑行者较轻，起动、爬坡能适当助力的情况。

有刷电动机外形如图4-2所示。

2. 无刷电动机

无刷电动机就是采用电子线路换向的电动机。目前电动自行车生产厂家大多采用无刷无齿电动机。它的转速控制系统的造价比有刷高速电动机的转速控制系统要高，控制器在使用中容易发生故障。现在它被采用的主要优点是噪声小、耗电量小、不需定期维护等。无刷电动机外形如图4-3所示。

图4-2 有刷电动机外形

图4-3 无刷电动机外形

解惑答疑

如何从外观上判断有刷电动机和无刷电动机

一般从外观上不易直接判断是有刷电动机还是无刷电动机，可从以下几方面进行判断：

① 根据电动机的引出线判断：有刷电动机有2根引出线，无刷电动机有8根引出线。

② 根据控制器判断：有刷电动机与有刷控制器相配套，无刷电动机与无刷控制器相配套，通过查看控制器铭牌即可。

第二节　搞清电动机工作原理和构成

一、有刷电动机的工作原理

电动机的原理是通电导体在磁场中受力而运动，发现这一原理的是丹麦物理学家奥斯特。下面我们介绍有刷电动机的工作原理。

有刷电动机的工作原理如图4-4所示。

图4-4中，固定部分有磁铁和电刷；转动部分有环形铁心和绕在环形铁心上的绕组。

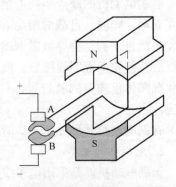

图4-4中它的固定部分（定子）上装设了一对直流励磁的静止的主磁极N和S，在旋转部分（转子）上装有电枢铁心。定子与转子之间有一气隙。在电枢铁心上放置了两根导体连成的电枢线圈，线圈的首端和末端分别连到两个圆弧形的铜片上，此铜片称为换向片。换向片之间互相绝缘，由换向片构成的整体称为换向器。换向器固定在转轴上，换向片与转轴之间也互相绝缘。在换向片上放置着一对固定不动的电刷A和B，当电枢旋转时，电枢线圈通

图4-4　有刷电动机的工作原理

过换向片和电刷与外电路接通。改变线圈电流方向是靠换向器和电刷来完成的。

二、有刷电动机的构成

有刷电动机内部主要有端盖、电动机轴、轴承、电刷、电刷架、磁钢、换向器和线圈等构成。定子上面有轴承。

1. 端盖、轴承和电动机轴

电动机的端盖和轴承起保护和支撑作用。轴承和电动机轴起连接转动部分与不动部分的作用。端盖一般有左右两个，轴承也有左右两个。轴承的型号出厂时打在轴承油封上，电动机上常见的轴承型号有6000、6001、6002、6003、6004；6200、6201、6202、6203等。有刷电动机的端盖和轴承如图4-5所示。

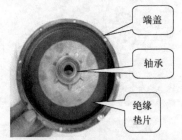

图4-5　有刷电动机的端盖和轴承

2. 电刷和电刷架

电刷的主要成分是碳，所以也称碳刷。在有刷电动机里面，电刷装在电刷架的刷握内。有刷电动机的电刷一般有2个或4个。350W电动机一般有2个电刷；500W电动机一般有4个电刷。

电刷易磨损，应定期维护更换，并清理电动机内积碳。电刷由电刷体、铜辫、弹簧和接线柱组成。电刷外形如图4-6所示。电刷架外形如图4-7所示。

图4-6　电刷外形

3. 磁钢

电动自行车的电动机采用钕铁硼稀土磁钢。有刷电动机磁钢一般做成半圆形，按 N、S 的顺序排列在定子上，用环氧树脂胶粘在电动机定子上。有刷电动机磁钢如图 4-8 所示。

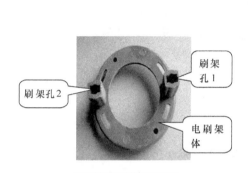

图 4-7　电刷架外形

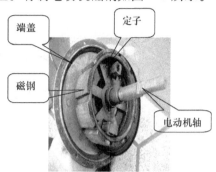

图 4-8　有刷电动机磁钢

4. 换向器

换向器具有相互绝缘的条状金属表面。电动自行车电动机的换向器大多为平面状的，有刷电动机里面电刷顶在换向器表面。电动机转动时，将电能通过换向器输送给线圈。随电动机转子转动时，条状金属交替接触电刷的正负极，实现电动机线圈电流方向交替变化，完成有刷电动机线圈的换向。换向器常见的规格有 39 齿和 41 齿两种。有刷电动机上换向器如图 4-9 所示。

5. 线圈

通电的转子线圈在磁场中会受到磁力的作用，转子切割磁力线，产生力矩转动。

线圈按照一定的规律绕制而成，嵌在电动机转子槽内。

电动机转子上线圈如图 4-10 所示。

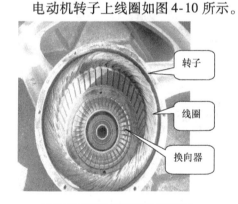

图 4-9　有刷电动机上换向器

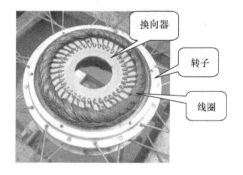

图 4-10　转子上线圈

三、无刷电动机的工作原理

无刷电动机没有电刷和换向器，采用开关型霍尔元件作为位置传感器。位置传感器和定子绕组是固定不转的，转子是永久磁铁，磁铁经过转子位置传感器后，霍尔元件产生一个脉冲给控制器。控制器根据转子的位置，为电动机里面的线圈提供不同方向的电流，达到电流方向交替变化的目的。

无刷直流电动机的工作原理如图 4-11 所示。

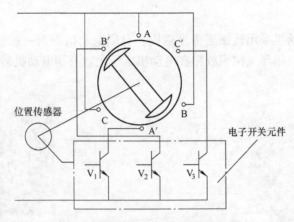

图 4-11　无刷直流电动机的工作原理

四、无刷电动机的构成

无刷电动机由端盖、轴承、电动机轴、磁钢、线圈和 3 个霍尔元件构成。

1. 端盖、轴承和电动机轴

无刷电动机的端盖和轴承的作用与有刷电动机的端盖、轴承一样。无刷电动机的端盖、轴承如图 4-12 所示。

2. 转子磁钢

无刷电动机磁钢的作用与有刷电动机的一样，不同之处是无刷电动机的磁钢是粘在转子上的。无刷电动机磁钢数量比较多，常见有 12 片、16 片、18 片，它一般为直片状，按 N、S 的顺序排列在转子上。无刷电动机磁钢如图 4-13 所示。

图 4-12　无刷电动机的端盖、轴承

图 4-13　无刷电动机磁钢

3. 霍尔元件

无刷电动机一般有 3 个开关型霍尔元件，起位置传感器的作用，检测转子磁极的位置，它的输出使定子绕组供电电路通断，又起开关作用，当转子磁极离去时，使上一个霍尔元件停止工作，下一个霍尔元件开始工作，转子磁极总是面对磁场，霍尔元件又起改变定子电流的换向作用。无刷电动机上的霍尔元件如图 4-14 所示。

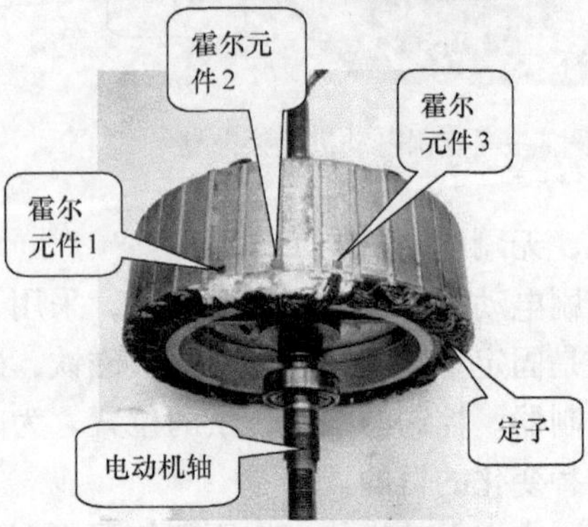

图 4-14　无刷电动机上的霍尔元件

专家指导

无刷电动机的相角

　　无刷电动机的相角是无刷电动机的相位代数角的简称。指无刷电动机各线圈在一个通电周期里线圈内部电流方向改变的角度，又称电解度。

　　电动自行车无刷电动机的相角有 60°与 120°两种。一般 60°相角电动机的三个霍尔元件摆放位置是平行的。120°相角电动机的三个霍尔元件中间的一个霍尔元件是呈翻转 180°摆放的。60°与 120°两种相角的霍尔元件摆放情况如图 4-15 所示。

a) 60°相角

b) 120°相角

图 4-15　60°与 120°两种相角的霍尔元件摆放情况

　　判断电动机的相角有以下几种方法：

　　① 观察电动机内霍尔元件的摆放情况，通过霍尔引线的红线的位置就可做出判断，此法只有在打开电动机维修时才能看到。

　　② 察看无刷控制器的铭牌标签，一般无刷控制器都有 60°与 120°相序说明。

　　③ 用"绿盟"牌 LY-2 无刷电动机综合检测仪检测判断。如果是 60°无刷电动机，测量出的霍尔真值信号应该是按照 100～110～111～011～001～000（1 表示开，0 表示关）的规律变化。如果是 120°无刷电动机，测量出的霍尔真值信号应该是按照 100～110～010～011～001～101 的规律变化，这样霍尔元件引线的通电相序就判断出来了。在维修实践中，只需要知道 120°无刷电动机的相序就可以了。

4. 定子线圈

　　无刷电动机线圈一般有 3 组，每组线圈都有相应的霍尔元件，霍尔元件通常安装在转子有引线一端，并靠近定子磁钢的地方，其对应的定子槽数是 36 槽、48 槽、54 槽。这样电动机旋转时就更加平稳，效率更高。无刷电动机定子线圈如图4-16所示。

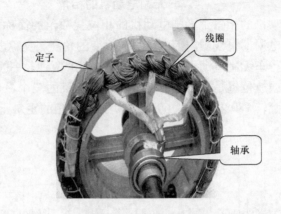

图4-16　无刷电动机定子线圈

第三节　知道电动机与控制器的连线对接技巧

一、有刷电动机与控制器的连线对接技巧

有刷电动机有黄、蓝两根引出线，这两根线是电动机的线圈引出线。有刷电动机与控制器连接时，电动机黄线与控制器的黄线对接，电动机蓝线与控制器的蓝线对接。如果电动机反转，只需将电动机与控制器的两根引线对调即可，不会损坏电动机。有刷电动机两条引出线如图4-17所示。有刷电动机与控制器的对接示意图如图4-18所示。

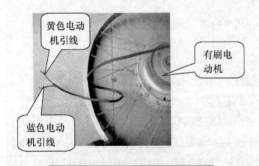

图4-17　有刷电动机两条引出线

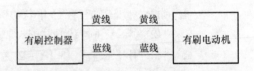

图4-18　有刷电动机与控制器的对接示意图

二、无刷电动机与控制器的连线对接技巧

无刷电动机共有8根引线，其中3根粗线蓝（A相）、绿（B相）、黄（C相）是电动机相线，一般采用弹头插件；另外5根引线是无刷电动机内霍尔元件引出线，它们分别是霍尔元件的公共电源正极线（红线）、公共电源负极线（黑线）、霍尔A相输出线（蓝线）、霍尔B相输出线（绿线）和霍尔C相输出线（黄线），一般采用5芯插件。无刷电动机的8根引出线如图4-19所示。

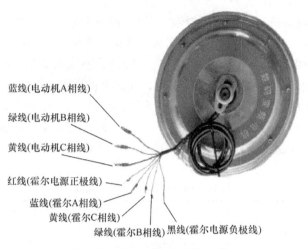

蓝线(电动机A相线)
绿线(电动机B相线)
黄线(电动机C相线)
红线(霍尔电源正极线)
蓝线(霍尔A相线)
黄线(霍尔C相线)
绿线(霍尔B相线)　黑线(霍尔电源负极线)

图 4-19　无刷电动机的 8 根引线

　　无刷电动机的 3 根相线与霍尔元件的 5 根引线必须和控制器相应引线一一对应连接，电动机才能正常旋转，否则电动机不能正常转动。无刷电动机的 8 根引线与控制器对接示意图如图 4-20 所示。

无刷电动机	粗蓝线	（电动机A相线）	粗蓝线	无刷控制器
	粗绿线	（电动机B相线）	粗绿线	
	粗黄线	（电动机C相线）	粗黄线	
	细红线	(霍尔电源+)	细红线	
	细黑线	(霍尔电源−)	细黑线	
	细蓝线	(霍尔A相线)	细蓝线	
	细绿线	(霍尔B相线)	细绿线	
	细黄线	(霍尔C相线)	细黄线	

图 4-20　无刷电动机的 8 根引线与控制器对接示意图

知识扩展

　　由于无刷电动机分 60°和 120°两种相角的，需要由与之相对应的 60°和 120°相角的无刷电动机控制器来驱动，控制器生产厂家在生产无刷控制器时设计有封闭小线（或插件），一般是连接时 120°，断开时 60°（实际使用时应以控制器上面的说明为准）。不同相角的电动机与控制器代换后电动机不会工作。

　　在电动自行车维修更换新件（电动机或控制器）时，无刷电动机与控制器的接线，其中电动机 3 根相线和霍尔 3 根相线可以任意调整。在电角度对应的前提下，如果控制器颜色与电动机颜色对应后转动还是不正常，那就要进行调线。无刷电动机与控制器的连接有 6 根引线需对调 6 次，共有 36 种接法。

　　60°相角的无刷电动机与60°相角的控制器通过调整3根线圈引线的相序和霍尔3根引线的相序，正确接线只有一种正转、一种反转，其他不正常。

　　120°相角的无刷电动机与120°相角的控制器通过调整线圈3根引线的相序和霍尔3根引线的相序，正确接线有3种正转、3种反转，其他不正常。

　　在调线时如果无刷电动机反转，则表明无刷控制器与无刷电动机的相角是匹配的，可以通过调整电动机与控制器的相线来调整电动机的转向，将无刷电动机与无刷控制器的霍尔引线的绿色和黄色交换接线；同时将无刷电动机与无刷控制器的主相线蓝色和黄色交换接线，如表4-1所示。

表4-1　无刷电动机反转的调线

控制器引出线		正转	反转	电动机引出线
五芯塑料插件	红色	红色	红色	5根霍尔信号线（电动机5根细线）
	蓝色	蓝色	蓝色	
	绿色	绿色	黄色	
	黄色	黄色	绿色	
	黑色	黑色	黑色	
三芯弹头插件	蓝色	蓝色	黄色	3根相线（电动机3根粗线）
	绿（白）色	绿（白）色	绿（白）色	
	黄色	黄色	蓝色	

　　另外，需要特别说明，无刷电动机的换相是由控制器来实现的，所以它的反转需要对调两组引线，如表4-1中箭头所示。需要反转时，绝对不可通过反接控制器电源来实现，否则会损坏控制器。

5

第五章

搞清充电器与控制器的种类和构成

第一节　了解充电器的种类和构成

一、了解充电器种类

充电器是电动自行车电气四大件之一。充电器的作用是给电动自行车蓄电池补充电能。它是将交流 220V 电转换为蓄电池需要的直流电，给蓄电池充电，供电动自行车使用，充电器的质量优劣直接影响蓄电池的使用寿命。充电器外形如图 5-1 所示。

电动自行车充电器型号一般在充电器外壳上标明，常见的种类有 36V/12Ah、36V/20Ah、48V/12Ah、48V/20Ah、60V/20Ah、72V/20Ah。

充电器规格与输出电压、充电电流参数如表 5-1 所示。

图 5-1　充电器外形

表 5-1　充电器规格与输出电压、充电电流参数

型号	适用蓄电池组	输出空载电压/V	充电电流/A
12V 系列	铅酸蓄电池 12V、10 ~ 14Ah	14. 5	1. 2 ~ 1. 8
	铅酸蓄电池 12V、17 ~ 20Ah		2. 0 ~ 2. 5
	铅酸蓄电池 12V、22 ~ 24Ah		2. 7 ~ 3. 0
	铅酸蓄电池 12V、28 ~ 30Ah		3. 5 ~ 3. 8
	铅酸蓄电池 12V、30 ~ 40Ah		3. 8 ~ 5. 0
24V 系列	铅酸蓄电池 24V、10 ~ 14Ah	28. 8	1. 2 ~ 1. 8
	铅酸蓄电池 24V、17 ~ 20Ah		2. 0 ~ 2. 5
	铅酸蓄电池 24V、22 ~ 24Ah		2. 7 ~ 3. 0
	铅酸蓄电池 24V、28 ~ 30Ah		3. 5 ~ 3. 8
	铅酸蓄电池 24V、30 ~ 40Ah		3. 8 ~ 5. 0
36V 系列	铅酸蓄电池 36V、10 ~ 14Ah	42	1. 2 ~ 1. 8
	铅酸蓄电池 36V、17 ~ 20Ah		2. 0 ~ 2. 5
	铅酸蓄电池 36V、22 ~ 24Ah		2. 7 ~ 3. 0
	铅酸蓄电池 36V、28 ~ 30Ah		3. 5 ~ 3. 8
	铅酸蓄电池 36V、30 ~ 40Ah		3. 8 ~ 5. 0

（续）

型号	适用蓄电池组	输出空载电压/V	充电电流/A
48V 系列	铅酸蓄电池48V、10~14Ah 铅酸蓄电池48V、17~20Ah 铅酸蓄电池48V、22~24Ah 铅酸蓄电池48V、28~30Ah 铅酸蓄电池48V、30~40Ah	56	1.2~1.8 2.0~2.5 2.7~3.0 3.5~3.8 3.8~5.0
60V 系列	铅酸蓄电池60V、10~14Ah 铅酸蓄电池60V、17~20Ah 铅酸蓄电池60V、22~24Ah 铅酸蓄电池60V、28~30Ah	72	1.2~1.8 2.0~2.5 2.7~3.0 3.5~3.8
72V 系列	铅酸蓄电池72V、10~14Ah 铅酸蓄电池72V、17~20Ah 铅酸蓄电池72V、22~24Ah 铅酸蓄电池72V、28~30Ah	86.5	1.2~1.8 2.0~2.5 2.7~3.0 3.5~3.8

二、认识充电器的输入和输出插头

充电器的外壳一般采用塑料制作，作用有两个，一方面是绝缘，另一方面是轻便。充电器的外壳上有两个指示灯，一个是电源指示灯，另一个是充电状态指示灯。电源指示灯一般常为红色，充电状态指示灯空载和充满电为绿色，充电时为红色（指示灯的工作状态以厂家的说明书为准）。充电器的外壳及指示灯如图5-2所示。

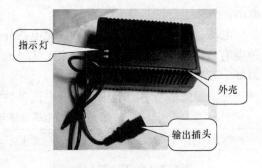

图5-2　充电器的外壳及指示灯

充电器外壳上配有两个插头。一个是交流输入220V插头，又称输入插头，如图5-3所示，充电器的交流插头都通用。另一个是直流输出插头，又称输出插头。充电器的直流输出插头有多种，一种是圆形插头，如图5-4所示，常用在36V和48V充电器上。另一种是T形三孔形插头，常用在48V和60V充电器上，如图5-5所示。另外，澳柯玛车充电器直流输出插头采用梅花形插头，如图5-6所示。

图5-3　交流电220V插头外形

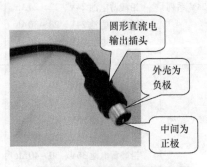

图5-4　圆形直流电输出插头外形

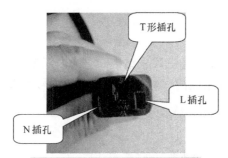

图 5-5　T 形三孔形直流输出插头

图 5-6　澳柯玛车梅花形插头

专家指导

充电器的直流输出插头有极性，由于国标没有规定统一标准，所以不能通用。充电器的圆形直流输出插头通用，中间是正极，外壳是负极，如图 5-7 所示；三孔形直流输出插头不通用，常见的 N 是正极，L 是负极，中间孔是空脚，如图 5-8 所示；也有 N 是负极，L 是正极的，中间孔是空脚，例如小鸟车和绿源车，如图 5-9 所示；速派奇车充电器直流输出插头也采用三孔插头，不同之处为 L 是正极，N 是空脚，中间孔是负极，如图 5-10 所示。澳柯玛车梅花形专用插头极性如图 5-11 所示。

图 5-7　圆形直流输出插头极性

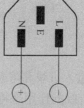

图 5-8　N 是正极、L 是负极的三孔插头极性

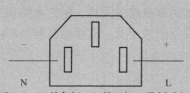

图 5-9　N 是负极，L 是正极三孔插头极性

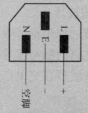

图 5-10　速派奇车充电器直流输出插头极性

图 5-11　澳柯玛车梅花形专用插头极性

三、知道充电器的构成和工作原理

1. 充电器的构成

目前市场上的电动自行车充电器大多采用开关电源型三段式结构。它的内部是由电子电路组成的，它的基本结构是由集成电路和外围部件组成的。集成电路常见的型号有 UC3842 和 UC3843。

充电器内部构成如图5-12所示。

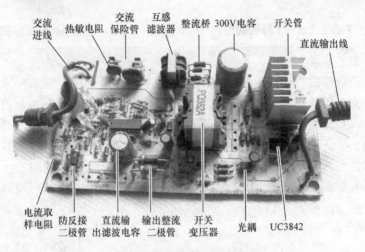

图5-12 充电器内部构成

（1）交流输入进线和熔断器

交流输入进线的作用是将交流电220V从充电器的外部电路引进充电器内部电路板，然后到熔断器。熔断器是充电器电路中用于保护电路正常运行的元器件，通常安装在电压输入接口和输出接口。交流输入进线和熔断器在充电器上的位置如图5-13所示。

（2）互感滤波器

互感滤波器的作用是消除外部电路对充电器内部电路的干扰，保护电路正常工作，同时使充电器内部电路的脉冲信号不会对其他电子设备造成干扰。互感滤波器由两组线圈对称绕制而成。互感滤波器在充电器上的位置如图5-14所示。

图5-13 交流输入进线和熔断器在充电器上的位置

图5-14 互感滤波器在充电器上的位置

（3）桥式整流电路

充电器的桥式整流电路是由四个整流二极管构成的，市电 220V 分别通过熔断器和热敏电阻进入桥式整流，转换为直流电 300V。桥式整流电路在充电器上的位置如图 5-15 所示。

（4）电容滤波电路

电容滤波电路的作用是将桥式整流后的直流电 300V 进行滤波。常见型号是 450V/82μF。它体积较大，也是电路板上最大的电解电容。电容滤波电路在充电器上的位置如图 5-16 所示。

桥式整流电路

图 5-15　桥式整流电路在充电器上的位置

电容滤波电路

图 5-16　电容滤波电路在充电器上的位置

（5）开关电源集成电路 UC3842

电动自行车充电器电源 PWM 控制电路最常用的集成电路型号就是 UC3842。集成电路 UC3842 的主要作用是由 6 端输出脉冲推动开关管工作。集成电路 UC3842 在充电器上的位置如图 5-17 所示。

（6）开关场效应管和开关变压器

开关场效应管安装在开关变压器附近的散热器上，其主要作用是将直流电流变成脉冲电流。开关场效应管在充电器上的位置如图 5-18 所示。

集成电路 UC3842

图 5-17　集成电路 UC3842 在充电器上的位置

开关场效应管

图 5-18　开关场效应管在充电器上的位置

开关变压器是一种高频脉冲变压器，其主要作用是将高频高压脉冲信号变成多组高频低压脉冲信号，经整流滤波后给蓄电池充电。它的初级线圈和开关场效应管构成振荡电路，次级线圈与初级线圈隔离。开关变压器在充电器上的位置如图 5-19 所示。

（7）直流输出滤波电容

直流输出滤波电容的作用是将变压器输出经整流后的直流电进行滤波给蓄电池充电。常见型号是 63V/470μF。它体积稍小于 +300V 滤波电容，也是电路板上第二大的电解电容。直流输出滤波电容在充电器上的位置如图 5-20 所示。

图 5-19　开关变压器在充电器上的位置　　　图 5-20　直流输出滤波电容在充电器上的位置

（8）发光二极管

在充电器直流输出端一般安装有两个发光二极管，如图 5-21 所示，一个是电源指示灯，它是两管芯的发光二极管；另一个是充电状态指示灯，它是三管芯的发光二极管。发光二极管的主要作用是指示电源及充电状态，并以不同的颜色表示充电阶段。一般情况下，电源指示灯为红色，充电指示灯刚充电时为红色，充满电后为绿色。

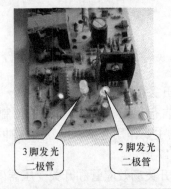

图 5-21　发光二极管在充电器上的位置

知识扩展

发光二极管好坏判断技巧

充电器上的指示灯，大多采用发光二极管，常见的有两种：一种是单管芯的，发单一颜色光，如红光、绿光、蓝光；另一种是双管芯的，一个管芯发单一种光，两个管芯同时亮时变为橙色光。

将数字式万用表置于二极管挡，红表笔接发光二极管正极，黑表笔接发光二极管负极，发光二极管应发光，否则为损坏。也可用 3V 纽扣电池进行检查，电池正极与发光二极管正极相接，电池负极与发光二极管负极相接，发光二极管应发光，否则说明发光二极管损坏。

（9）散热风机

一般 48V 充电器内部由于充电电流较大，都安装有散热风机，如图 5-22 所示。

2. 充电器的工作原理

充电器电路主要由整流滤波、高压开关、电压交换及恒流、恒压充电控制等几个部分电路组成。充电器的工作原理框图如图 5-23 所示。充电器工作时，首先将交流电 220V 经整流滤波电路后，得到300V左右的直流电压，然后经高压开关和电压变换电路变为蓄电池的充电电压，对蓄电池进行充电。恒流、恒压充电控制电路主要作用是控制充电器充电时的电压和电流大小以及控制充电器的指示灯。

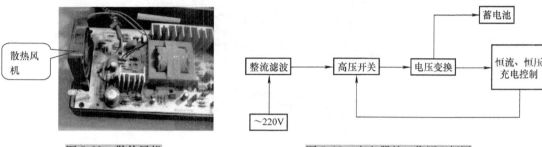

图5-22　散热风机　　　　　　　　　　图5-23　充电器的工作原理框图

第二节　搞清控制器的构成与外部接线技巧

一、了解控制器作用和功能

控制器是电动自行车电气四大件之一，也是电动自行车的核心部件。目前的控制器普遍控制电压的方法是对电动机进行调速。

控制器的作用是控制电动机的转速，并且加入其他辅助功能，例如零启动、刹车断电、定速巡航、反充电（能量再生）、行驶里程计算与显示、智能1:1助力控制以及各种状态的指示功能等。

控制器功能如下：

1）调速功能：根据转把的输出信号对电动自行车实现无级调速。

2）刹车断电功能：当刹车时，控制器自动切断电动机的供电，实现刹车断电。

3）蓄电池欠电压保护：单只蓄电池电压降至欠电压保护值10.5V时，控制器断开电动机供电，从而保护蓄电池。36V蓄电池欠电压保护值为31.5V；48V蓄电池欠电压保护值为42V；60V蓄电池欠电压保护值为52.5V。

4）限流保护：大电流自动保护，当电流超过额定值时，能自动限制电流的输出，从而保护电动机。

5）车速显示功能：控制器的车速显示功能是能通过仪表显示行驶速度。

6）限速功能：当电动自行车超过规定车速20km/h时，控制器的限速保护电路能限制车辆在规定车速内运行。

二、搞清控制器的种类特点

由于电动机分有刷电动机和无刷电动机，控制器与电动机配套，可分有刷控制器和无刷控制器两种。有刷控制器实物外形如图5-24所示。无刷控制器实物外形如图5-25所示。

1. 电动自行车常见控制器型号

控制器一般用铭牌表示型号参数。电动自行车常见控制器型号如下：

（1）有刷控制器型号

36V/180～250W有刷控制器

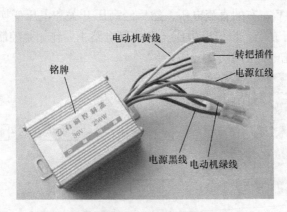

图 5-24　有刷控制器实物外形

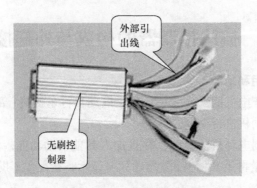

图 5-25　无刷控制器实物外形

36V/500W 有刷控制器

48V/500W 有刷控制器

（2）无刷控制器型号

36V/250W 无刷控制器

48V/350W 无刷控制器

48V/500W 无刷控制器

2. 电动三轮车常见控制器型号

电动三轮车常见控制器型号如下：

（1）有刷控制器型号

36V/350W 有刷控制器

36V/500W 有刷控制器

36V/600W 有刷控制器

48V/500W 有刷控制器

48V/1000W 有刷控制器

60V/1000W 有刷控制器

（2）无刷控制器型号

48V/500W 无刷控制器

48V/800W 无刷控制器

48V/1000W 无刷控制器

3. 了解自学习无刷控制器

自学习 48V/500W 无刷控制器外形如图 5-26 所示。自学习 48V/500W 无刷控制器外接连线如图 5-27 所示。

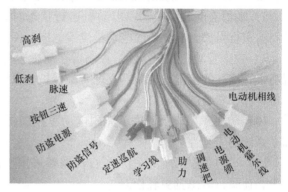

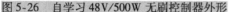

图 5-26　自学习 48V/500W 无刷控制器外形

图 5-27　自学习 48V/500W 无刷控制器外接连线

（1）功能参数

额定电压：48V

额定功率：500W

欠电压保护：DC42±0.5V

限流电流：20A±1A

刹车电位：高/低电平

（2）功能特点

1）超静音设计技术。独特的电流控制算法，能适用于任何一款无刷电动车电动机，并且具有相当的控制效果，提高了电动车控制器的普遍适应性，使电动车电动机和控制器不再需要匹配。

2）恒流控制技术。电动车控制器堵转电流和动态运行电流完全一致，保证了蓄电池的寿命，并且提高了电动车电动机的起动转矩。

3）自动识别电动机模式系统。自动识别电动车电动机的换向角度、霍尔相位和电动机输出相位，只要控制器的电源线、转把线和刹车线不接错，就能自动识别电动机的输入与输出模式，可以省去无刷电动车电动机接线的麻烦，极大降低了电动车控制器的使用要求。

4）具有反充电功能。具有反充电的效果，从而对蓄电池进行维护，延长电池寿命，增加续行里程。

5）电动机锁系统。在警戒状态下，报警时控制器将电动机自动锁死，控制器几乎没有电力消耗，对电动机没有特殊要求，在蓄电池欠电压或其他异常情况下对电动车正常推行无任何影响。

6）自检功能。分动态自检和静态自检，控制器只要在上电状态，就会自动检测与之相关的接口状态，如转把、刹把或其他外部开关等，一旦出现故障，控制器自动实施保护，充分保证骑行的安全，当故障排除后控制器的保护状态会自动恢复。

7）堵转保护功能。自动判断电动机在过电流时是处于完全堵转状态还是在运行状态或电动机短路状态，如果过电流时是处于运行状态，控制器将限流值设定在固定值，以保持整车的驱动能力；如果电动机处于纯堵转状态，则控制器2s后将限流值控制在10A以下，起到保护电动机和蓄电池的作用，节省电能；如果电动机处于短路状态，控制器则使输出电流控制在2A以下，以确保控制器及蓄电池的安全。

8）动静态断相保护。在电动机运行状态时，电动车电动机任意一相发生断相故障时，控制器实行保护，避免造成电动机烧毁，同时保护电动车蓄电池，延长蓄电池寿命。

9）功率管动态保护功能。控制器在动态运行时，实时监测功率管的工作情况，一旦出现功率管损坏的情况，控制器立即实施保护，以防止由于连锁反应损坏其他的功率管后，出现推车比较费力的现象。

10）防飞车功能。解决了无刷电动车控制器由于转把或线路故障引起的飞车现象，提高了系统的安全性。

11）1+1助力功能。用户可自行调整采用正向助力或反向助力，实现了在骑行中辅以动力，让骑行者感觉更轻松。

12）巡航功能。自动/手动巡航功能一体化，用户可根据需要自行选择，8s进入巡航，稳定行驶速度，无须手柄控制。

13）模式切换功能。用户可切换电动模式或助力模式。

14）防盗报警功能。超静音设计，引入汽车级的遥控防盗理念，防盗的稳定性更高，在报警状态下可锁死电动机，报警喇叭音效高达125dB以上，具有极强的威慑力，并具有自学习功能，遥控距离长达150m不会有误码产生。

15）低功耗。自学习智能防盗报警控制器采用低功耗模式，使控制器在防盗警戒状态的功耗极小（静态电流≤8mA），即使用户忘了解除警戒，也可保证电动车在长期不使用的情况不会使蓄电池的电量放完。

16）高效率。自学习智能型高速电动机控制器采用最高效率控制技术（效率≥90%），从而提高电动车的续行里程。

17）电动机相位。60°、120°电动机自动兼容，不管是60°电动机还是120°电动机，都可以兼容，不需要修改任何设置。

（3）自学习线调试技巧

先将自学习线连接，接好控制器其他引线，电动机线和霍尔线可随意接，打开电门锁开关，用手转动电动机，把转把转到最大，在5s内放开转把，控制器进入电动机模式识别，当电动机模式识别完后，如果电动机旋转正常，并且自动将电动机的模式存入单片机，拔下自学习线即可。若电动机反转，则关闭电源锁，重新将自学习线插上，按以上方法再自学习一次即可。

4. 了解万能双模四合一无刷控制器

万能双模四合一48V/350W无刷控制器外形如图5-28所示。万能双模四

图5-28　万能双模四合一48V/350W无刷控制器外形

合一 48V/350W 无刷控制器外接连线如图 5-29 所示。

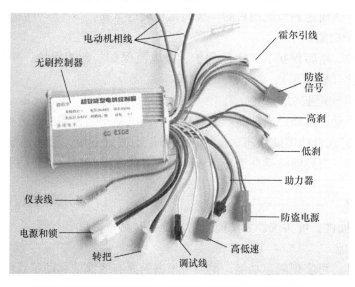

图 5-29　万能双模四合一 48V/350W 无刷控制器外接连线

（1）有、无霍尔自适应

有霍尔驱动与无霍尔驱动之间自动切换，同时具备自学习功能（无学习过程，在骑行过程中自动学习），特别适合于维修市场。它不管是用 120°电动机还是 60°电动机，也不管霍尔线和相线怎么接，只要正确地把功能线接好，所有的事情控制器就会自动做好，如果转动方向不对，拔插一下学习线即可。

（2）36~48V 自适应

控制器能自动识别蓄电池电压，正确锁定欠电压保护值。

（3）防盗功能

1）非外接防盗器。关闭电门锁，系统会自动进入防盗状态，检测到电动机往前转，控制器就往后加力，反之亦然。

2）外接防盗器。控制器在接收到有效防盗信号后，进入防盗状态，检测到电动机往前转，控制器就往后加力，反之亦然。

（4）欠电压保护功能

当蓄电池电压不足又没到欠电压保护时，如果持续用大电流输出，蓄电池内阻以及线阻会产生比较大的压降，导致控制器立即欠电压保护。针对这种情况，控制器在蓄电池电压小于 44V 时，限流值会随着蓄电池电压降低而减小，因此控制器能够继续以小电流形式运行，有效地提升了电动车的续行里程。当蓄电池电压小于欠电压保护点后，就关断输出，保护蓄电池。

（5）倒挡功能

按下倒挡开关后，控制器停止向前输出并且开始检测电动机转动速度，当检测到电动机转速减到零，而且转把重新回零再转后，控制器开始控制电动机反转。反转最高转速为正转最高转速的 30%（可根据用户设定）。

（6）普通刹车和电子刹车以及刹车反充电功能

有普通刹车和电子刹车功能，电子刹车有软刹车功能，而且刹车时能将电动机产生的电能反充到蓄电池，从而达到节能的目的，极大延长续行里程。

（7）各种保护功能

相线短路保护、堵转保护、欠电压保护、过电流保护、断相保护、MOS 短路保护、上电转把不为零保护（防飞车）、刹车故障保护等。

（8）手动、自动巡航功能

用户可选择手动、自动巡航功能。巡航功能：当电动车运行到一定速度时，用户可保持手把固定 8~10s 进入自动巡航状态，也可以选择手动按键巡航，进入巡航状态后，电动车将按固定速度行驶，直到解除巡航为止。解除巡航方式有刹车解除、转动手把解除、按键解除等。

（9）助力功能

带 1＋1 助力插件，可实现助力功能，用户骑行时更省力、更方便。

（10）限速功能

带有限速插件，可实现限速功能。用户可根据需要有效保证电动车运行速度，接通限速选择线后手把最大输出时速不超过 20km。

（11）变速功能、挡位指示

客户能按照自己的需求，设定车速，高速时可提速到 120%，中速为原始速度，低速为原始速度的 90%。能显示高、中、低三种速度。

三、知道控制器的安装位置

控制器的安装位置要求一是防雨，二是安装、拆卸、维修方便。简易型车控制器一般安装在脚踏板下，如图 5-30 所示。标准型电动自行车控制器安装在车衣架后座下，如图 5-31 所示。豪华型和电摩型车控制器一般安装在后车坐垫下，如图 5-32 所示。

图 5-30 简易型车控制器安装位置

图 5-31 标准型车控制器安装位置

四、掌握有刷控制器与外部件的接线技巧和工作原理

有刷控制器的引出线一般有 9 根，分别是电源供电线 2 根—红色电源正极引线，黑色电源负极引线；转把 3 根引线—红色转把 5V 供电，黑色转把地线，绿色转把信号线；刹把 2 根引线—红线刹把进线，黑色转把输出线；电动机 2 根引线—黄色 A 相电动机相线，黄色 B 相电动机相线。智能型有刷控制器还有 3 根助力器引线。常见有刷控制器的引出线如图 5-33 所示。

图 5-32 豪华型控制器安装位置

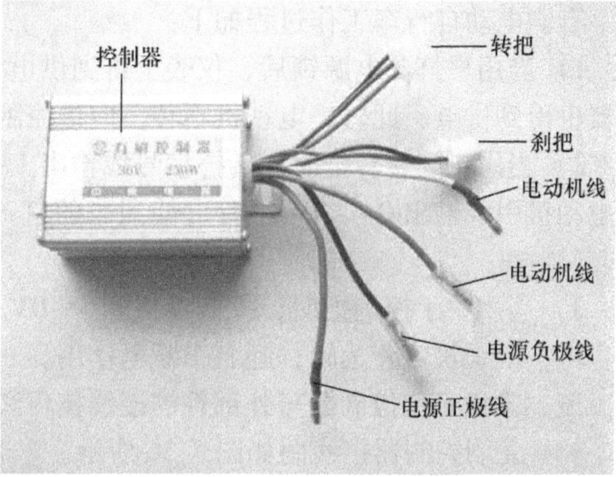

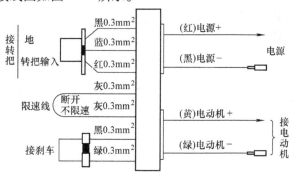

图 5-33 常见有刷控制器引出线

36V 有刷控制器接线图如图 5-34 所示。

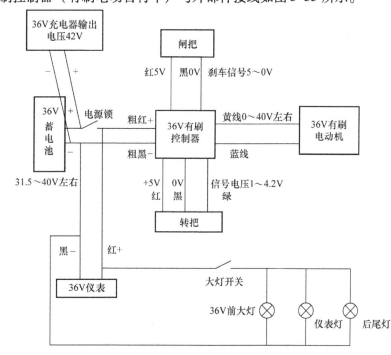

图 5-34 36V 有刷控制器接线图

36V 有刷控制器（有刷电动自行车）与外部件接线如图 5-35 所示。

图 5-35 36V 有刷控制器与外部件接线

有刷电动自行车工作过程如下：

1）当用户打开电源锁后，仪表上得到供电，电源指示灯亮，显示蓄电池电量。同时控制器也得到供电。此时，电动机不转，但是控制器输出5V电压给转把内的霍尔元件供电。

2）当用户旋转转把时，转把信号线输出1～4.2V电压，此电压传递给控制器，控制器的电动机引线输出0～40V左右由低到高的直流电压给电动机线圈，电动机开始由慢到快旋转。

3）当用户手捏刹把时，控制器得到5～0V（低电平刹车）的刹车信号电压，断开电动机供电，电动机停止运转，起刹车断电作用。

五、掌握无刷控制器与外部件的接线技巧和工作原理

48V无刷控制器接线图如图5-36所示。

48V无刷控制器与外部件接线如图5-37所示。

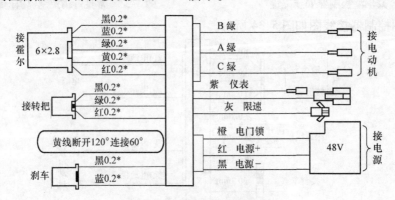

图5-36　48V无刷控制器接线图

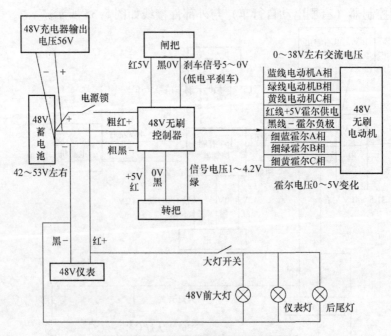

图5-37　48V无刷控制器与外部件接线

无刷电动自行车工作过程如下：

1）当用户打开电源锁后，仪表上得到供电，电源指示灯亮，显示蓄电池电量。同时控制器也得到供电。此时，电动机不转，但是控制器输出 5V 电压给转把内的霍尔元件供电，同时输出 5V 电压给电动机内霍尔元件供电。

2）当用户旋转转把时，转把信号线输出 1～4.2V 电压，此电压传递给控制器，控制器的零起动功能使电动机起动，电动机起动后，其内部磁钢转动，使霍尔传感器产生对应的位置信号，使霍尔元件输出 0～5V 的开关信号电压，此信号传递给控制器，控制的三相引线输出 0～38V 左右的由低到高的交流电压，此电压给电动机线圈，电动机开始由慢到快旋转。

3）当用户手捏刹把时，控制器得到 5～0V（低电平刹车）的刹车信号电压，断开电动机供电，电动机停止运转，起刹车断电作用。

第六章
搞清蓄电池构成与连线技巧

第一节　电动自行车蓄电池种类

电动自行车蓄电池俗称电瓶，是一种反复充电的二次电源。目前，电动自行车用蓄电池有铅酸蓄电池、锂离子蓄电池、镍氢蓄电池和镍镉蓄电池。由于铅酸蓄电池价格便宜，工艺成熟，原料充足，目前在电动自行车上广泛使用，所以这里重点讲述铅酸蓄电池。

一、铅酸蓄电池

1. 阀控式铅酸蓄电池

目前电动自行车上常用的蓄电池是铅酸蓄电池，它的全称是阀控式铅酸免维护蓄电池。

阀控式铅酸蓄电池属于酸性蓄电池。目前，电动自行车上使用的阀控式铅酸蓄电池单只电压为12V，用3个、4个或5个铅酸蓄电池可以串联成36V、48V或60V蓄电池组。

12V铅酸蓄电池外形如图6-1所示。

2. 胶体铅酸蓄电池

胶体铅酸蓄电池用胶体电解液代换普通铅酸蓄电池的硫酸电解液，采用凝胶状电解质，内部无游离液体存在，在安全性、蓄电量、放电性能和使用寿命等方面较普通铅酸蓄电池有所改善。胶体铅酸蓄电池稀硫酸被镉板吸附，二氧化硅在板群两侧和顶部形成凝胶，称为胶体蓄电池。

12V胶体铅酸蓄电池外形如图6-2所示。

图6-1　12V铅酸蓄电池外形

图6-2　12V胶体铅酸蓄电池外形

解惑答疑
如何判断是普通铅酸蓄电池还是胶体蓄电池
蓄电池出厂时，在蓄电池的外壳上，厂家一般打有铭牌标识，普通铅酸蓄电池外壳上打有"免维护铅酸蓄电池"字样；如果是胶体蓄电池，则外壳上打有"胶体蓄电池"字样。

二、锂离子蓄电池

锂离子蓄电池采用含有锂元素的材料作为电极的电池。

锂离子蓄电池是一种充电电池，它主要依靠锂离子在正极和负极之间移动来工作。在充放电过程中，Li^+ 在两个电极之间往返嵌入和脱嵌：充电时，Li^+ 从正极脱嵌，经过电解质嵌入负极，负极处于富锂状态；放电时则相反。

锂离子蓄电池是现代高性能电池的代表。锂离子蓄电池中单格电池电压为 3.6V，比铅酸蓄电池单格电压（2.1V）高将近 2 倍。因此锂离子蓄电池的质量、体积比铅酸蓄电池小很多，这为电动自行车轻型化提供了条件。另外，锂离子蓄电池还具有无记忆效应、自放电小、循环寿命长、无环境污染等优点，但是由于售价较高，目前还不能大量推广。

锂离子蓄电池外形如图 6-3 所示。

三、镍镉蓄电池

镍镉蓄电池属于碱性蓄电池。它的正极活性物质主要由镍制成，负极活性物质主要由镉制成。正极为氢氧化镍，负极为镉，电解液是氢氧化钾溶液。镍镉蓄电池的优点是轻便、抗振、寿命长，常用于小型电子设备。镍镉蓄电池外形如图 6-4 所示。

图 6-3　锂离子蓄电池外形

图 6-4　镍镉蓄电池外形

四、镍氢蓄电池

镍氢蓄电池是由氢离子和金属镍合成，电量储备比镍镉蓄电池多 30%，比镍镉蓄电池更轻，使用寿命也更长，并且对环境无污染。镍氢蓄电池的缺点是价格比镍镉蓄电池要贵好多，性能比锂离子蓄电池要差。镍氢蓄电池外形如图 6-5 所示。

图 6-5　镍氢蓄电池外形

第二节　电动自行车铅酸蓄电池型号和规格参数

一、电动自行车蓄电池型号

我国铅酸蓄电池型号一般以汉语拼音字母来表示和区别，并有各种数字，它分别表示蓄电池的结构、性能、单体蓄电池数和蓄电池额定容量。

铅酸蓄电池型号含义如图6-6所示。

电动自行车用铅酸蓄电池型号在蓄电池上的标示方法如图6-7所示。

图6-6　铅酸蓄电池型号含义　　　　　图6-7　铅酸蓄电池型号在蓄电池上的标示方法

二、电动自行车铅酸蓄电池规格

电动自行车常用铅酸蓄电池规格如表6-1所示。

表6-1　电动自行车常用铅酸蓄电池规格

序号	蓄电池型号	额定电压/V	额定容量/Ah	外形尺寸/mm			总高/mm	质量/kg
				长	宽	高		
1	6 - DZM - 10	12	10	151	99	94	100	4.2
2	6 - DZM - 12	12	12	151	99	96	101	4.5
3	6 - DZM - 17	12	17（5h率）	181	77	167	167	6.5
4	6 - DZM - 20	12	20（5h率）	181	77	170	172	7.2
5	6 - DZM - 32	12	32	197	166	168	168	14.0
6	8 - DZM - 12	16	12	380	151	102	102	14.0
7	8 - DZM - 20	16	20	321	100	120	120	12.0

三、蓄电池规格参数

1. 蓄电池容量

蓄电池额定容量是按国家标准规定的蓄电量，单位用Ah（安时）来表示，蓄电池容量以放电电流（A）和能放电的时间（h）之积安培小时（Ah）表示，即安时来表示。它反映了蓄电池存储电量的大小。数值越大，则存储的电量就越多。例如，电动自行车用容量为10Ah蓄电池就是以5A电流可放电2h；电动自行车用容量为14Ah蓄电池就是以7A电流可放电2h；电动自行车用容量为17Ah蓄电池就是以8.5A电流可放电2h；电动自行车用容量为20Ah蓄电池就是以10A电流可放电2h。这相当于电动自行车在平坦的路上连续行驶2h。

2. 蓄电池放电循环次数

蓄电池放电循环寿命指的是蓄电池进行充电、放电直到蓄电池容量减少到额定容量

70%时的循环次数，充足电后再放电到一定的深度为一次循环。蓄电池循环次数越多，则寿命越长。电动自行车蓄电池循环寿命不少于350次，低于350次循环为不合格蓄电池。

3. 蓄电池额定电压

铅酸蓄电池每单格电压为2.1V，通过过桥串联，如果蓄电池内部有6个单格，那么蓄电池的额定电压为12V。目前，电动自行车大多采用单只12V蓄电池串联。由3只12V蓄电池串联形成36V蓄电池组；由4只12V蓄电池再串联形成48V蓄电池组；由5只12V蓄电池再串联形成60V蓄电池组。

第三节　搞清电动自行车铅酸蓄电池的结构原理

一、铅酸蓄电池的结构

铅酸蓄电池由正极板、负极板、电解液、隔板、蓄电池外壳及正负极柱、安全阀、吸水棉构成。铅酸蓄电池内部结构如图6-8所示。铅酸蓄电池内部串联方式如图6-9所示。

1. 极板

极板是蓄电池存储电能的主要部件，其质量优劣决定蓄电池的质量。极板做成栅架（网架）形式，上面填涂活性物质。蓄电池的充电和放电，就是靠正、负极板上活性物质与硫酸溶液的化学反应来实现的。

极板一般由铅锑合金、铅钙合金组成。目前

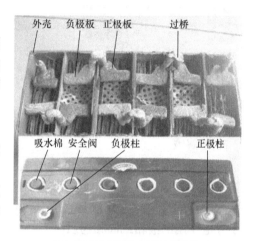

图6-8　铅酸蓄电池内部结构

铅酸蓄电池采用涂膏式正、负极板。极群中极板的数量各厂家不等，常见的有11片、13片、15片、17片。例如，沈阳松下采用11片极板，上海海宝采用17片极板。极板外形如图6-10所示。

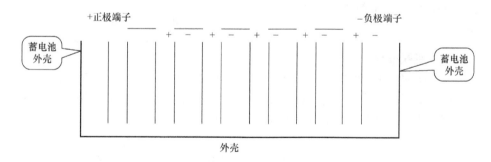

图6-9　铅酸蓄电池内部串联方式

正极板主要成分是二氧化铅（PbO_2），其含量在85%以上，颜色为棕色、棕褐色、红褐色。

负极板活性物质为海绵状金属铅，其含量在90%以上，颜色为灰色、浅灰色、深灰色。

2. 隔板

隔板放在蓄电池正负极之间起隔离作用，防止正、负极板短路。隔板由允许离子穿过的电绝缘材料构成。通常用PE隔板、橡胶、塑料、复合玻璃纤维隔板等。隔板自身具有较高孔率，孔率占隔板体积的50%~80%。隔板具有耐酸和耐氧化性强等特点。电动自行车用铅酸蓄电池以超细玻璃纤维隔板为主。隔板外形如图6-11所示。

图6-10 极板外形

图6-11 隔板外形

3. 电解液

电解液是在化学能转换为电能的电化学反应中，电离成离子，起导电作用并参与电化学反应。电解液是含有移动离子导电作用的液相或固相物质。

目前，铅酸蓄电池使用的电解液有两种：一种是原液，电解液密度为1.28g/L，适用于新铅酸蓄电池；另一种是补充液，电解液密度为1.03g/L，适用于旧铅酸蓄电池。电解液外形如图6-12所示。

图6-12 电解液外形

专家指导

按照GH/T2692—1995标准，电解液要求有一定的比例和纯度。电解液是由去离子水（蒸馏水）、硫酸和一些添加剂配制的。由于硫酸有很大腐蚀性，用户不要自己配制电解液。如需配比应特别注意安全和操作流程，配比时应把硫酸倒入蒸馏水中，并缓慢搅拌。注意，千万不可将蒸馏水倒入硫酸中，这样会产生爆炸，非常危险。另外，决不可用井水、自来水、河水等含有对蓄电池有害矿物质的水配制电解液。

4. 蓄电池外壳和上盖

蓄电池外壳是容纳电极和电解液的容器，它是由硬胶或各种塑料制成的。它具备耐酸绝缘、强度高等特点。蓄电池外壳的大小是以蓄电池设计的容量而定，一般情况下，蓄电池外壳体积大，容量大；体积小、容量小。目前电动自行车蓄电池外壳原料以ABS工程塑料为主。蓄电池上盖的作用是方便组装和拆卸。蓄电池外壳如图 6-13 所示。蓄电池上盖如图 6-14所示。

图 6-13　蓄电池外壳

图 6-14　蓄电池上盖

5. 安全阀

安全阀的作用是排出蓄电池内气体和多余的电解液，防止蓄电池变形鼓包。安全阀结构类型较多，主要有帽式、伞式、螺旋式等几种。安全阀外形如图 6-15 所示。

6. 吸水棉

吸水棉的作用是吸取从安全阀口溢出的电解液。吸水棉外形如图 6-16 所示。

图 6-15　安全阀外形

图 6-16　吸水棉外形

7. 正负极柱

正负极柱的作用是方便用户连接蓄电池组。由于蓄电池是直流电源，按国家规定，极头需标明正负极，一般用红色或 " + " 表示正极，黑色、蓝色或 " - " 表示负极。正负极柱如图 6-17 所示。

图 6-17　正负极柱

二、铅酸蓄电池的工作原理

铅酸蓄电池的工作过程就是充放电的化学反应过程。蓄电池的工作原理如图 6-18 所示。

1. 充电

蓄电池从其他直流电源（如充电器）获得电能的过程叫作充电。在充电时，正、负极板上的硫酸铅会被分解还原成硫酸、铅和氧化铅，同时在负极板上产生氢气，正极板产生氧气。电解液中酸的浓度逐渐增加，蓄电池两端的电压上升。当正、负极板上的硫酸

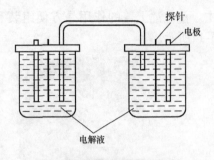

图 6-18　蓄电池的工作原理

铅都被还原成原来的活性物质时，充电就结束了。充电时，正、负极板上生成的氧和氢会在蓄电池内部"氧合"成水回到电解液中。

蓄电池充电的化学反应过程如下：

（正极）（电解液）（负极）　　　（正极）（电解液）（负极）

$PbSO_4 + 2H_2O + PbSO_4 \longrightarrow PbO_2 + 2H_2SO_4 + Pb$ （充电反应）

（硫酸铅）（水）（硫酸铅）

2. 放电

蓄电池对外电路输出电能的过程叫作放电。蓄电池连接外部电路放电时，硫酸会与正、负极板上的活性物质产生反应，生成化合物"硫酸铅"，放电时间越长，硫酸浓度越稀薄，蓄电池里的"液体"越少，蓄电池两端的电压就越低。

蓄电池放电的化学反应过程如下：

（正极）（电解液）（负极）　　（正极）（电解液）（负极）

$PbO_2 + 2H_2SO_4 + Pb \longrightarrow PbSO_4 + 2H_2O + PbSO_4$ （放电反应）

（过氧化铅）（硫酸）（海绵状铅）

铅酸蓄电池的工作原理如下：

1）正极产生氧气通过隔板穿透到负极，在负极表面发生氧化反应，生成氧化铅。

2）氧化铅与硫酸反应生成硫酸铅。

3）硫酸铅通过充电又转化成铅。

精　通　篇

7

第七章

练会电动机拆卸和检修技能

第一节　有刷电动机拆卸技能全程指导

有刷电动机的拆卸过程如下:

1) 拔掉电动机和控制器的连线,并记录电动机与控制器的连线颜色是否对应,做好记录。如果电动车上有链条,则需要先取下链条。然后用扳手松开电动机轴上的螺母,松开刹车线,取下刹车固定螺栓,把电动机从车上卸下来,拆卸时记录电动机轴上的各种垫片的位置和数量。松开刹车固定螺母如图 7-1 所示。

图 7-1　松开刹车固定螺母

2) 将拆下的电动机放在工作台上,用记号笔在端盖与轮毂上做好标记,以防安装时电动机扫膛或进水。

3) 用十字螺丝刀松开有电动机引出线一侧端盖(左侧盖)的固定螺钉,松动时要采用对角松动的方法,既省力又不会损坏电动机,如图 7-2 所示。

4) 检查电动机轴上无螺母、垫片后,从有引出线一侧打开电动机。事先将木板垫于地上,双手抱住电动机转子,用力向下冲击电动机轴,使定子脱出,另一人抽出定子,如图 7-3 所示。

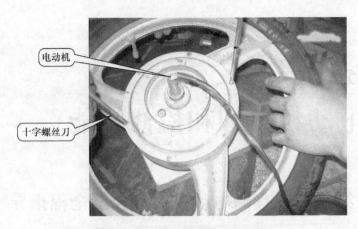

电动机

十字螺丝刀

图 7-2　松开电动机外壳固定螺钉

电动机

木板

图 7-3　用力冲击电动机轴

专家指导

拆卸时不要损坏电动机引线，冲击电动机轴前，要将电动机轴上的引线放在电动机轴上的凹槽内。另外，电动机定子上的磁钢有很大的磁性，抽出定子时要小心，抽出后的定子要放在干净的纸箱上，不要随便放在地上，以免吸上杂物。

5）如果左侧盖在定子上，可用双手抱住侧盖，用力向下冲击电动机轴，使左侧盖与定子分离，如图 7-4 所示。

6）用螺丝刀松开右侧盖的固定螺栓，用锤柄从转子内冲击右侧盖，即可取下右侧盖，如图 7-5 所示。有刷电动机分解后状态如图 7-6 所示。

专家指导

电动机拆卸时注意不要损坏线圈，另外，电动机定子上的磁钢有很大的吸引力，拆下的定子要放在纸箱上，以防吸上杂物。安装定子时要小心操作，以防造成损伤。有刷电动机的安装按照与拆卸相反的步骤进行。

图 7-4　使左侧盖与定子分离

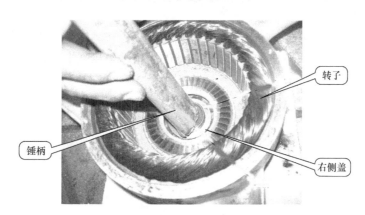

图 7-5　取出右侧盖

图 7-6　有刷电动机分解后状态

第二节　有刷电动机检修技能全程指导

有刷电动机故障维修时，主要对电刷、电刷架、轴承、磁钢、换向器等部分进行检修。

一、电刷和电刷架的检修技能全程指导

1. 电刷和电刷架损坏故障现象

1) 电刷损坏会造成电动机不转。

2) 电动机不能零起动。

3) 电动机乏力，转速低，带载能力差。

4) 电动机转转停停，时转时不转。

2. 故障检查判断方法

1) 询问用户在一年内是否更换过电刷，并对电刷是否损坏进行准确判断。

2) 对于电动机不转的故障，如果电动自行车侧身时电动机会转，扶正时不转，则说明电动机电刷有故障。

3) 对于电动机不转的故障，可用木棒或皮锤轻轻敲击电动机，如果电动机转转停停，则说明电动机电刷有故障。

4) 对于电动机不转或转速低的故障，打开电源锁，转动转把，用万用表直流 200V 电压挡测量控制器的输出引线电压，如果测量结果与蓄电池电压基本一致，则说明电动机电刷有故障，如图 7-7 所示。

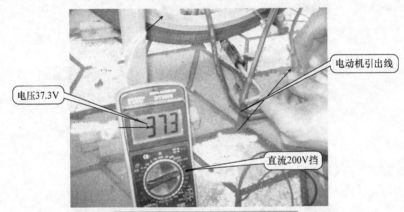

电压37.3V　电动机引出线　直流200V挡

图 7-7　测量控制器的输出引线电压

5) 对于电动机不转的故障，可用万用表的蜂鸣器挡测量电动机的两根引线，应为相通状态，否则说明电动机有故障，如图 7-8 所示。

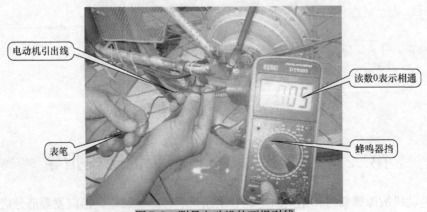

电动机引出线　读数0表示相通　表笔　蜂鸣器挡

图 7-8　测量电动机的两根引线

6）对于电动机乏力、转速低的故障，可直接将电动机的两根引线外接在蓄电池上试验，如果电动机仍然转速低，则说明电动机有故障，否则说明电动机正常。

3. 故障维修技能

1）找到控制器的安装位置，记录原电动机与控制器对接引线颜色，拔下电动机引线。从车上卸下电动机，打开电动机左侧端盖，抽出电动机定子，检查电刷磨损程度，同时检查电刷架是否损坏，如果损坏一同更换。检查电刷和电刷架烧坏如图7-9所示。

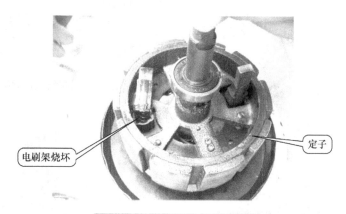

图7-9 检查电刷和电刷架烧坏

2）用螺丝刀松开电刷固定螺栓，取下旧电刷和电刷架，如图7-10所示。

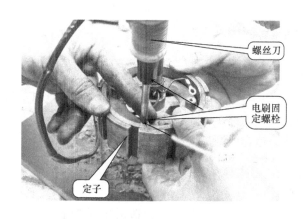

图7-10 用螺丝刀松开电刷固定螺栓

3）将新电刷穿好复位弹簧，用电烙铁焊接好铜辫上的接线柱，如图7-11所示。

4）将新电刷架按原位置放好，如图7-12所示，然后将新电刷放在电刷凹内，并用螺钉固定好电刷接线柱和电动机引线。

5）更换好电刷后，如图7-13所示。用毛刷对电动机内的碳粉进行清理，如图7-14所示。

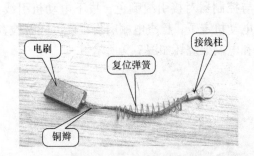

图 7-11   焊接好接线柱的电刷

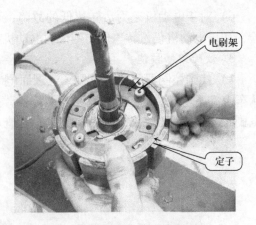

图 7-12   将新电刷架按原位置放

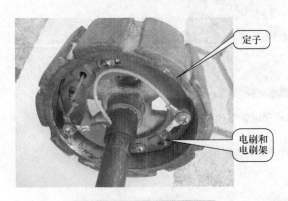

图 7-13   更换好电刷后状态

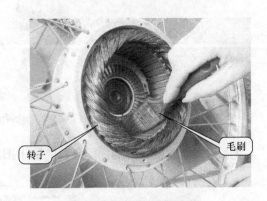

图 7-14   用毛刷清理碳粉

知识扩展

电刷检修后，安装定子前，要先将电刷铜辫拧绕扎起，使电刷缩进刷架孔内，作用是防止安装定子时损坏电刷，等定子安装好后，将拧绕的铜辫松开，并拉动铜辫试验，检查电刷是否在刷凹内自由活动。

二、轴承的检修技能全程指导

1. 轴承损坏故障现象

轴承损坏会造成电动机有杂音，严重时会造成定子扫膛、卡死，电动机壳体发热等现象。

2. 轴承损坏检查方法

打开电动机，如果轴承在侧盖内，将左手指插入轴承内径，用右手转动侧盖，检查轴承是否损坏，如图 7-15 所示。如果轴承在电动机轴上，则用手转动轴承试验。

3. 故障维修技能

1）如果轴承在侧盖上，先将侧盖的轴承部位架空，用套筒扳手手柄或一字螺丝刀对准旧轴承，然后用手锤击打螺丝刀，即可取下轴承，如图 7-16 所示。

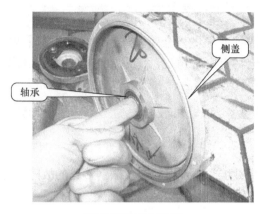

图7-15　检查轴承

图7-16　取下旧轴承

2）如果轴承在电动机轴上，可用拉力器取下旧轴承，如图7-17所示。

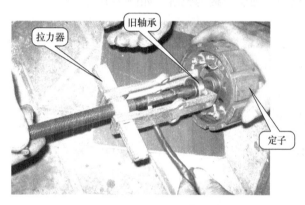

图7-17　用拉力器取下旧轴承

3）把同型号新轴承放在侧盖的轴承位置上，用锤子击打轴承外径，使轴承到位。注意，不论轴承从轴上取下还是从侧盖上取下，都要把轴承安装在侧盖上，因为这样安装方便。轴承的安装如图7-18所示。

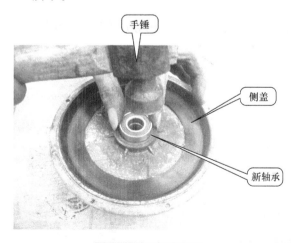

图7-18　轴承的安装

专家指导

打开电动机维修时，要对电动机的各部位进行全面检查，如检查电刷、电刷架、轴承、磁钢等，另外，还要对电动机内碳粉进行清理。有些电动机进水后，还要用吹风机进行吹干处理，如果定子磁钢上有氧化层，则要用砂布打磨，并进行清洁。

三、磁钢的检修技能全程指导

1. 磁钢损坏故障现象

磁钢出现故障表现是电动机无力、转速慢、带载能力差或有怪声。磁钢常见的故障是磁钢脱落，故障原因是电动机进水。

2. 磁钢故障检查方法

用手慢慢地转动电动机，检查电动机的转动情况。如果电动机转动到某个位置阻力大，另一个位置感觉阻力很小，则说明磁钢脱落，如图7-19所示。

3. 故障维修技能

1）打开电动机，观察磁钢是否脱落或损坏。由于磁钢有磁性，脱落后可能在原位置不动，不易发现，检查时可用皮锤敲击磁钢试验。磁钢脱落检查如图7-20所示。

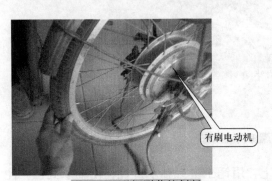

图7-19　磁钢脱落的判断

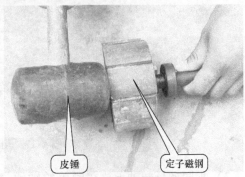

图7-20　磁钢脱落检查

2）取下脱落的磁钢，然后用砂布打磨并清理旧磁钢和定子。用砂布打磨磁钢如图7-21所示。

3）将AB胶涂在定子和脱落的磁钢上，稍等片刻后照原位置粘牢磁钢。涂上AB胶如图7-22所示。粘牢磁钢如图7-23所示。

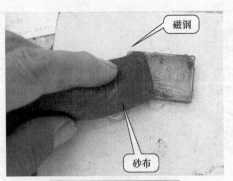

图7-21　用砂布打磨磁钢

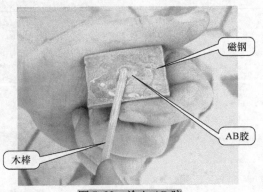

图7-22　涂上AB胶

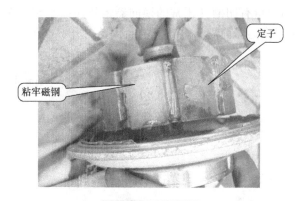

图 7-23　粘牢磁钢

专家指导

　　如果磁钢脱落多块，最好的方法是取下一块粘牢，再取下另一块，以防磁钢损坏或顺序搞乱。如果顺序搞乱，可按 N、S 顺序排列进行粘接，方法是从磁钢的侧面进行吸引试验，如果相互吸引，则可以进行粘接；如果相互排斥，则需更换另一块；如果磁钢损坏，则要更换新磁钢。

四、换向器检修技能全程指导

1. 换向器损坏故障现象

换向器损坏会造成电刷磨损过快，电动机短路、电流大等现象。

2. 换向器损坏故障检查方法

首先测量电动机的空载电流，如果大于 2A，则说明电动机有故障。需打开电动机进一步检查。

3. 故障维修技能

1）打开电动机外壳，取出定子，检查换向器铜片磨损情况。检查换向器如图 7-24 所示。

2）如果换向器表面有碳粉，则可用毛刷清洁；如果换向器表面烧黑、轻度磨损，则不需更换，可用细砂布打磨并进行清洁，如图 7-25 所示。清洁后的换向器如图 7-26 所示。

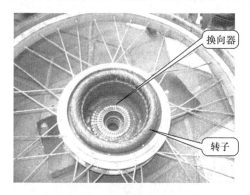

图 7-24　检查换向器

图 7-25　用砂布打磨换向器

3）如果换向器磨损严重有凹槽（正常的换向器铜片表面平整、无氧化层）或短路，则需更换新换向器。更换新换向器前需将电动机的右侧盖打开，如图7-27所示。

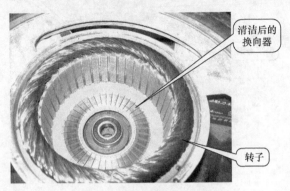

清洁后的换向器

转子

图7-26　清洁后的换向器

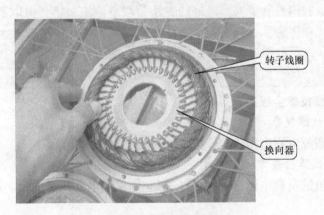

转子线圈

换向器

图7-27　打开右侧盖

4）用75W以上电烙铁逐一将线圈和换向器连接处焊开，如果是铆接的用一字螺丝刀撬开，如图7-28所示。

5）用吹风机对电动机线圈进行加热软化，用竹器将线圈拨开，取下旧换向器，注意不要损坏线圈，如图7-29所示。

6）将同型号（常见的换向器型号有39齿和41齿两种）的换向器放入，要求换向器接头与线圈引线对应，用电烙铁将线圈引线与换向器接头焊好。要求焊点焊接牢固，无短路和虚焊，如图7-30所示。

7）换向器更换好，用皮锤敲击线圈复原，如图7-31所示。如果操作时红圈漆包线有破损，则可将线圈重新涂上绝缘漆，等绝缘漆晾干后，将电动机复原。

电烙铁

尖嘴钳

换向器

转子线圈

图7-28　用电烙铁焊开换向器焊点

图 7-29 用吹风机对线圈进行加热软化

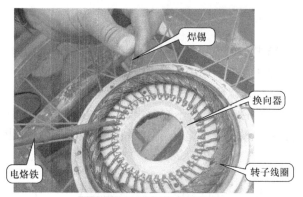

图 7-30 用电烙铁焊好接头

图 7-31 用皮锤敲击线圈复原

五、电动机扫膛的检修技能全程指导

1. 电动机扫膛故障现象

电动机扫膛就是电动机定子与转子相碰。电动机扫膛后，会造成电动机发热并发出怪声。电动机定子和转子有个空气隙，一般掌握在 $0.2 \sim 1 \mathrm{mm}$ 之间，空气隙是越小越好。

2. 电动机扫膛的原因

1）轴承磨损或破裂。

2）轴承走内圆或走外圆。

3）电动机轴弯曲。

4）电动机加工公差太大。

5）电动机装配质量差。

3. 电动机扫膛的处理措施和维修方法

1）选购高质量电动机。

2）选用高质量的轴承，按规定定期检查、加注、更换润滑油脂，如果轴承损坏，则应更换新轴承。

3）电动机轴变形，校正转轴，如果不行，则要换新轴。

六、电动机的空载电流大检修技能全程指导

1. 电动机的空载电流大故障现象

电动机空载电流大一般表现为蓄电池放电过快，电动自行车行驶里程减短，并伴有电动机发热现象。

2. 故障检查方法

将万用表置于直流20A挡，将红、黑表笔串联接在控制器的电源输入端。打开电源，在电动机不转动的情况下，记录下此时万用表的最大电流数值I_1。转动转把，使电动机高速空载转动10s以上。等电动机转速稳定以后，开始观察并记录此时万用表的最大数值I_2，电动机的空载电流为$I_2 - I_1$。一般电动机的空载电流不应超过2A。如果电动机的空载电流大于2A，则说明电动机出现故障，需打开电动机进行检修。电动机的空载电流测量如图7-32所示。

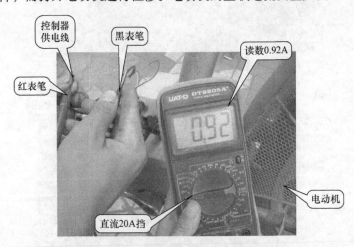

图 7-32　电动机的空载电流测量

3. 电动机的空载电流大故障原因

1）电动机内部机械摩擦大、电动机扫膛。

2）轴承损坏。

3）电刷磨损、电刷架损坏。

4）磁钢脱落、损坏。

5）换向器短路、损坏。

6）线圈局部短路。

4. 故障检修方法

对于电动机电流大的故障，要查出以上原因，按上面介绍的维修方法逐一采取相应的方法进行检修。

第三节　无刷电动机的检修技能全程指导

一、无刷电动机的拆卸全程指导

无刷电动机的拆卸步骤如下：

1）拔掉电动机和控制器的连线，并记录电动机与控制器的连线颜色是否对应，如果不对应，则做好记录。然后用扳手松开电动机轴上的螺母，把电动机从车上卸下来，拆卸还要记住电动机轴上的各种垫片的位置和数量。用扳手松开电动机轴上的螺母，如图 7-33 所示。

2）将拆下的电动机放在工作台上，用记号笔在端盖与轮毂上做好标记，以防安装时电动机扫膛或进水，如图 7-34 所示。

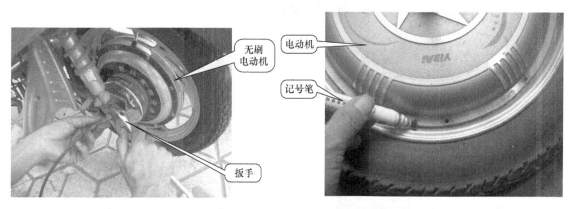

图 7-33　用扳手松开电动机轴上的螺母　　　　图 7-34　在电动机外壳上做好标记

3）从有引出线一侧打开电动机，用扳手松开电动机左侧端盖的固定螺钉，松动时要采用对角松动的方法，既省力又不会损坏电动机。大多数电动机外壳用十字形螺钉固定，有个别用螺栓固定，如图 7-35 所示。

图 7-35　松开电动机外壳固定螺钉

4）事先将木板垫于地面上，双手抱住电动机转子，用力向下压电动机轴，使定子从转子中脱出，另一人抽出定子。抽出电动机定子如图 7-36 所示。无刷电动机分解后状态如图 7-37 所示。

图 7-36　抽出电动机定子

图 7-37　无刷电动机分解后状态

专家指导

拆卸电动机前确认电动机轴上的螺母、垫片全部取下，没有其他因素影响开盖，更不要损坏电动机引线。另外，电动机定子上的磁钢有很大的磁性，抽出定子时要小心，抽出后的定子要放在干净的纸箱上或棉布上，不要随便放在地上，以免吸上杂物。无刷电动机的装配按照与拆卸相反的步骤进行即可。

二、无刷电动机霍尔元件检修技能全程指导

1. 无刷电动机霍尔元件损坏故障现象

无刷电动机霍尔元件是无刷电动机中的关键部件，如果损坏一个霍尔元件会造成电动机断相，表现为电动机乏力、转速低。如果两个或三个霍尔元件损坏，则会造成电动机不转的故障。

2. 故障检查方法

1）用数字式万用表二极管挡检测。用数字式万用表二极管挡测量霍尔元件的电源脚与地脚的正向电阻值为"1.87mv"左右，反向电阻值为"1"（表示不通）；测量信号脚与地脚阻值正向电阻为"1"，反向电阻为".630mv"左右（因型号不同测量结果有误差）。如果霍尔元件击穿，各脚正反向对地电阻值为0Ω；如果霍尔元件断路，各脚对地正反向电阻均为"1"。二极管挡测量霍尔元件如图7-38所示。

图7-38 二极管挡测量霍尔元件

2）测电压法检测。打开电源锁，将万用表置于直流20V挡，首先测量霍尔元件的红、黑供电线是否有5V左右的电压，如果有5V，则用手慢慢转动电动机，测量霍尔元件的蓝、绿、黄信号线对黑色地线，都应有0~5V的电压变化，说明霍尔元件正常，如果是常5V或常0V，则说明霍尔元件损坏，应更换新元件。电压法检测霍尔元件如图7-39所示。

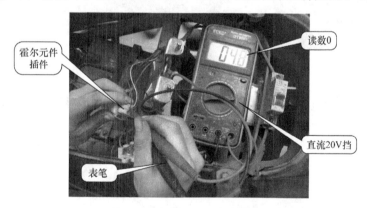

图7-39 电压法检测霍尔元件

3）用LY-2无刷电动机综合检测仪检测。将电动机霍尔元件插入检测器，转动电动机，霍尔元件检测各个指示灯依次闪亮，说明霍尔元件正常；如果检测灯出现常亮或者不亮，则表明该路霍尔元件损坏，如图7-40所示。

3. 故障维修技能

1）打开电动机，首先记住原霍尔元件红线（即电源脚）的安装位置，然后将霍尔元件引脚与引出线剪断，并用小型一字螺丝刀去掉旧霍尔元件，清理霍尔元件安装槽。去掉旧霍尔元件如图7-41所示。

2）按原位置将霍尔元件放在电动机定子凹槽内，并用AB胶粘牢，如图7-42所示。

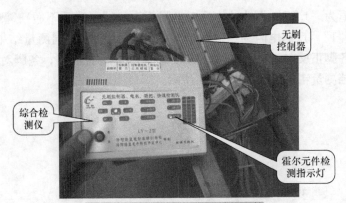

图 7-40 综合检测仪检测霍尔元件

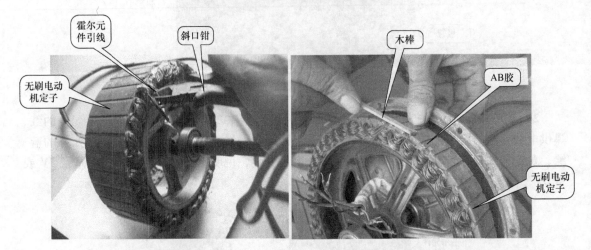

图 7-41 剪断旧霍尔元件引脚　　　　图 7-42 用 AB 胶粘牢霍尔元件

3）用 50W 以内的电烙铁将新霍尔元件引脚焊上，然后将 5 根引线分别焊好，焊接前要先将霍尔元件引脚上套上绝缘管，以防霍尔引脚短路，焊接速度要快，避免温度过高损坏霍尔元件，如图 7-43 所示。

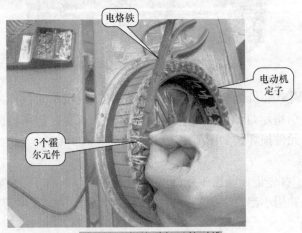

图 7-43 焊接霍尔元件引线

4）将绝缘管套好，用扎带将霍尔元件引线扎好，如图7-44所示。

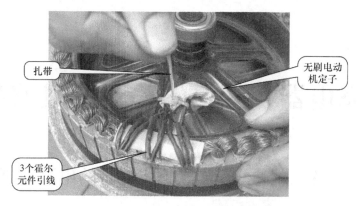

图7-44　用扎带将霍尔元件引线扎好

知识扩展

　　无刷电动机的轴承损坏和磁钢脱落可参照有刷电动机的进行检修。如果霍尔元件损坏，为了保证电动机换相准确，要将三个霍尔元件同时更换。

第八章

练会充电器、控制器检测与维修技能

■■■ 第一节　掌握充电器、控制器的电路原理 ■■■

一、UC3842 和 LM358 构成的充电器电路详解

由 UC3842 为电源集成块，在充电器市场上拥有量较大。该充电器以 UC3842 驱动场效应管的单管开关电源，配合 LM358 双运放来实现三阶段充电方式。其电路原理如图 8-1 所示。

1. 市电整流滤波电路

交流电 220V 经 T0 双向滤波器抑制干扰，经桥式整流 D1 整流为脉动直流，再经电容 C11 滤波得到 300V 左右的直流电压。市电整流滤波电路如图 8-2 所示。

2. DC – DC 变换电路

直流 300V 电压一路经 T1 加载到 Q1 的 D 极。第二路经 R5、C8、C3 到 U1 的⑦脚给 U1 供电。U1 的⑦脚供电后，U1 启动开始工作。从 U1 的⑥脚输出方波脉冲驱动场效应管 Q1 工作。同时变压器 T1 副线圈产生感应电压，经 D3 整流，过 R12 给 U1 提供稳定辅助电源，使 U1 连续工作。

T1 输出线圈的电压经 D4、C10 整流滤波得到稳定的电压。此电压一路经 D7（D7 起到防止蓄电池的电流倒流入充电器的作用）给蓄电池充电。第二路经 R14、D5、C9，为 LM358（双运算放大器，①脚为电源地，⑧脚为电源正）及其外围电路提供 12V 工作电源。D9 为 LM358 提供基准电压，经 R26、R4 分压到达 LM358 的②脚和⑤脚。

3. 充电控制电路

R27 为电流取样电阻，正常充电时，R27 上端有 0.15 ~ 0.18V 左右电压，此电压经 R17 加到 LM358③脚，从①脚送出高电压。此电压一路经 R18，强迫 Q2 导通，D6（红灯）点亮，第二路进入 LM358 的⑥脚，⑦脚输出低电压，迫使 Q3 关断，D10（绿灯）熄灭，充电器进入恒流充电阶段。当蓄电池电压上升到 44.2V 左右时，充电器进入恒压充电阶段，输出电压维持在 44.2V 左右，充电器进入恒压充电阶段，电流逐渐减小。当充电电流减小到 200 ~ 300mA 时，R27 上端的电压下降，LM358 的③脚电压低于②脚电压，①脚输出低电压，Q2 关断，D6 熄灭。同时⑦脚输出高电压，此电压一路使 Q3 导通，D10 点亮。另一路经 D8、W1 到反馈电路，使电压降低，充电器进入涓流充电阶段。浮充 1 ~ 2h 后充电结束。

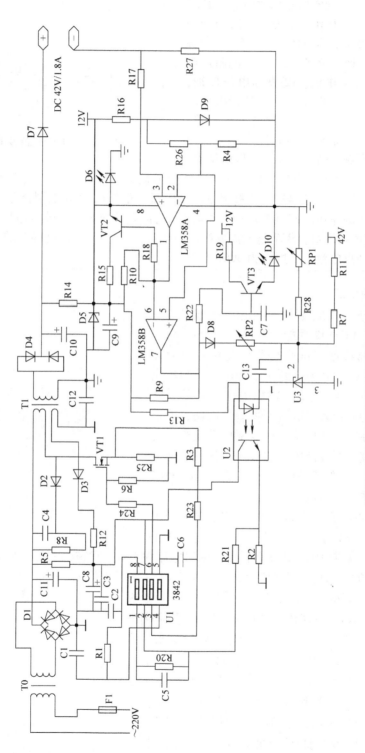

图 8-1 UC3842 和 LM358 构成充电器电路原理

4. 充电器内部元件功能

U1（UC3842）是脉宽调制集成电路。其⑤脚为电源负极，⑦脚为电源正极，⑥脚为脉冲输出，直接驱动场效应管 Q1（K1358）。③脚为最大电流限制，调整 R25（2.5Ω）的阻值可以调整充电器的最大电流。②脚为电压反馈，可以调节充电器的输出电压。④脚外接振荡电阻 R1 和振荡电容 C1。T1 为高频脉冲变压器，其作用有三个。第一是把高压脉冲降压为低压脉冲。第二是起到隔离高压的作用，以防触电。

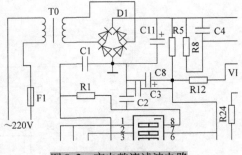

图 8-2   市电整流滤波电路

第三是为 UC3842 提供工作电源。D4（16A60V）为高频整流管，C10 为低压滤波电容，D5 为 12V 稳压二极管，U3（TL431）为精密基准电压源，配合 U2（光电耦合器 4N35）起到自动调节充电器电压的作用。调整 W2（微调电阻）可以调节充电器的输出电压。D10 是电源指示灯。D6 为充电指示灯。R27 是电流取样电阻（0.1Ω，5W），改变 W1 的阻值可以调整充电器转浮充的转点电流，一般应为 300mA 左右。

知识扩展

UC3842 集成电路引脚功能及维修技能

（1）UC3842 功能

UC3842 是美国摩托罗拉公司专门为开关电源生产的开关电源振荡和电流控制集成电路。UC3842 是单端输出电路，它是一种高性能的固定频率电流型控制器电路，能很好地用在隔离式单端开关电源以及直流转直流电源变换器设计中，它最大的优点是外接元件少，外围电路简单，成本低廉。UC3842 外形如图 8-3 所示。

图 8-3   UC3842 外形

UC3842 常用于 20～80W 的小功率开关电源，工作频率可达 500kHz，启动电流小于 1mA，最高供电电压为 30V，最大输出电流为 1A，可直接驱动大功率双极型开关管或场效应管。UC3842 在近几年生产的电器中应用较广。与 UC3842 功能相同的有 UC2842A/2843A、UC3842A/3843A、UC3842B/3843B、UC3842B/2841B、UC3844/3845、UC2844B/2845B、UC3844B/3845B，这些芯片各项参数基本相同。在同等欠电压锁定值的可以相互代换，低压锁定值的也可以直接代换高欠电压锁定的芯片，UC3842 可以用 KA3842 直接代换。

UC3842 8 脚封装引脚排列如图 8-4 所示。UC3842 引脚功能和维修数据如表 8-1 所示。

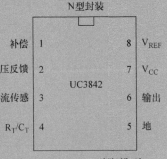

图 8-4   UC3842 引脚排列

表 8-1　UC3842 8 脚封装引脚功能和维修数据

引脚号	符号	功能	电压/V	电阻/kΩ	
				正向电阻	反向电阻
1	COMP	误差信号放大器补偿（误差输出）	2.8	10	34
2	V_{FB}	反馈输入（误差信号输入）	2.6	10	16
3	CurrentSense	开关管电流检测（过电流保护）	0.08	1.2	1.3
4	R_T/C_T	外接 RC 定时元件	0.9	12	18
5	GND	地线	0	0	0
6	OUTPUT	开关管驱动脉冲输出	1.3	11	22
7	V_{CC}	电源	17	8	16
8	V_{REF}	5V 基准电压	5	6	6.5

（2）UC3842 维修技能

①脚为误差信号放大器补偿。②脚为反馈输入脚。③、⑤脚是电流检测端。该端在每周期内对流过开关管的电流进行检测，一旦过电流（即该端电压大于 1V 时），则立即停止输出驱动脉动，关断功率开关管，起到过电流保护和限制负载电流的作用。实测为基值 0V。⑥脚是控制脉冲输出端，实测为基值 0V。⑦脚是电源端。UC3842 的启动电压低于 16V 时，UC3842 不能启动，其⑥脚无驱动电压输出，开关电源电路不能工作。当 UC3842 已启动，但负载有过电流使 π 的感抗下降，其反馈绕组输出的工作电压低于 11V 时，UC3842 的⑦脚内部欠电压保护电路动作，UC3842 停止工作，避免了 V901 因激励不足而损坏。如果由于某种原因（如负载短路）引起 UC3842 的③脚（电流检测）电压升高，当该电压上升到 1V 时，UC3842 的⑥脚无脉冲电压输出，电流停止工作，实现过电流保护。

判断 UC3842 是否损坏，可在 UC3842 的⑤、⑦脚间接入 17V 直流电压，测量 UC3842 的⑧脚有无 5V 稳压输出。若⑧脚没有 5V 电压，则说明 UC3842 已损坏。维修时可测⑦脚电压值是否为 17V。也可吸空⑦脚测量⑦脚外围供电电压应为 70V 左右。如有 70V 电压，则可判断 UC3842⑦脚内部电路坏，应更换 UC3842。如⑦脚有 17V 电压，⑧脚没有 5V 电压，则可吸空⑧脚，测量其电压应为 5V，如无 5V 电压，则可判断 UC3842⑧脚内部电路坏，应更换 UC3842。如有 5V 电压，则检查 UC3842 外围元件。

二、以 MC33035P 为核心的无刷控制器电路详解

以 MC33035P 为核心的无刷控制器电路原理如图 8-5 所示。

1. 电源供电电路

蓄电池组电压由电容 C4 滤波后经 R1（190Ω/3W）限流，再经 C2、C3 滤波后加到三端稳压器 IC2（7812）的输入①脚，从③脚输出的 +12V 稳定电压经 C1 滤波后供给 IC1、IC3、IC4、IC5 工作电压；+12V 电压再由 R19（390Ω）限流、VD4 稳压、C13 滤波得到 +6V 电压，为 IC6、调速把内的霍尔元件和电动机的霍尔元件供电。

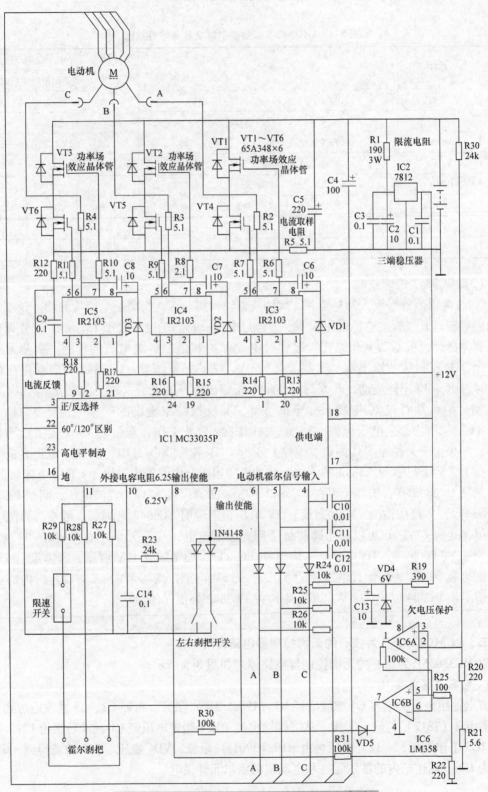

图8-5　以 MC33035P 为核心的无刷控制器电路原理

2. PWM 脉冲产生电路

IC1（MC33035P）的⑰脚、⑱脚得到 +12V 电压后，IC1 开始工作，其内部的基准电压产生 +6.25V 的基准电压由⑧脚输出。IC1 内部的振荡器同其⑩脚外接的定时元件 C14、R23 开始振荡，产生锯齿波脉冲信号。经 PWM 处理器处理后由 IC1 的①、②、㉔脚输出低端激励脉冲信号，由 IC1 的⑲、⑳、㉑脚输出高端激励脉冲信号。

3. 电动机驱动电路

电动机驱动电路由 IC3、IC4、IC5 三只 IR2103 芯片和六只大功率场效应管（65A348）VT1 ~ VT6 等元件组成。

IC1 的①、②、㉔和⑲ ~ ㉑脚轮流输出高低端激励脉冲，经 IC2、IC3、IC4 放大后驱动 VT1 ~ VT6 场效应管轮流导通，在电动机的三相绕组中产生不断变化的电流，电动机开始旋转。

4. 电动机换相控制电路

电动机内部的霍尔元件产生位置传感器信号，通过 VD6、VD7、VD8 反馈到 IC1 的④、⑤、⑥脚。IC1 内部的转子位置解码器对④、⑤、⑥脚输入的位置传感信号进行解码，控制 IC1 的①、②、㉔脚和⑲、⑳、㉑脚轮流输出对应的高低端激励脉冲，通过 IC3、IC4、IC5 驱动 VT1 ~ VT6 轮流导通，实现电动机换相控制。电阻 R24、R25、R26 为霍尔元件提供偏置电压，电容 C10、C11、C12 用来消除干扰脉冲。

5. 调速控制电路

在转动调速把时，调速把内的霍尔元件产生 1 ~ 4.2V 控制电压。该电压经 R28 使 IC1 的⑪脚电压随之升高，从而使 IC1 内部的 PWM 处理器产生 PWM 激励脉冲信号占比加大。IC1 的①、②、㉔脚和⑲、⑳、㉑脚输出的高低端激励脉冲占空比加大，通过 VT1 ~ VT6 的导通时间延长，电动机的转速越高。反之，电动机的转速随之降低。

6. 电动机限速电路

限速开关一端通过 R29 接到 IC1 的⑪脚，另一端接地。当限速开关接通时，IC1 的⑪脚电压通过 R29 和限速开关接地，电压被锁定在一定范围内，电动机只能在一定的转速内旋转，从而实现了限速的目的。

7. 刹车断电电路

正常工作时 IC1 的⑧脚通过 R30 向⑦脚提供高电平，当左、右刹把闭合时，刹把开关导通，IC1 的⑦脚通过 VD9 或 VD10 和刹把开关接地。IC1 的⑦脚电压由高变低，IC1 停止输出激励脉冲信号，场效应管 VT1 ~ VT6 截止，使电动机停止转动，实现制动保护。

8. 蓄电池欠电压保护电路

蓄电池组电压由 R20、R21、R32 分压后加到 IC6 的反相输入②脚，IC1 的⑧脚输出的 6.25V 基准电压经过 R31 和 R22 分压后由 R25 加到 IC6 的同相输入③脚和⑤脚作为比较电压。当蓄电池放电到终止电压时，IC6 的②脚电压低于③脚比较电压，IC6 的①脚输出高电平。这时 IC6 的⑥脚电压高于⑤脚比较电压，IC6 的⑦脚输出低电平。VD5 导通使 IC1⑦脚变为低电平，控制 IC1 关闭激励脉冲信号输出，场效应管 VT1 ~ VT6 截止，使电动机停止转动，实现蓄电池过放电保护。

电动自行车正常工作时，电流取样电阻 R5 两端产生的压降较低。IC1 的⑨脚电压达不到过电流检测电路的阈值，控制器正常工作。当电动机由于某种原因（含短路）电流较大时，电流取样电阻 R5 两端产生的压降较高，VT1 ～ VT6 上导通电流增大，VT1 ～ VT6 有激励脉冲信号输出，场效应管 VT1 ～ VT6 截止，电动机停止转动，过电流保护动作完成。

知识扩展

无刷控制器专用芯片MC33033引脚功能无刷控制器常用芯片 MC33033 引脚功能如表8-2所示。

表 8-2　无刷控制器专用芯片 MC33033 引脚功能

无刷控制器芯片型号	MC33033	MC33035
基准电压 6.25V	7	8
VCC	14	17
GND	13	16
相角调整	18	22
传感器输入	4、5、6	4、5、6
上管驱动	2、1、20	2、1、24
下管驱动	17、16、15	21、20、19

第二节　练会充电器、控制器检修技能

一、充电器、控制器维修所需工具

充电器、控制器维修所需工具如表8-3所示。

表 8-3　充电器、控制器维修所需工具

序号	型号	用途	单位	数量
1	50W 电烙铁	锡焊工具	把	1
2	吸锡器	吸锡工具	个	1
3	放大镜	观察电路板	个	1
4	洗耳球	清洁除尘	个	1
5	空心针	拆卸元件	个	1
6	高速吹风机	清洁充电器控制器内部	个	1

二、充电器检测和代换

(一) 充电器检测

1. 观察充电器的指示灯

1）正常情况下，插上交流电源，充电器空载时电源指示灯为红色，充电指示灯为绿色或橙色。如果指示灯不亮，则为有故障，应检修。观察充电器的指示灯如图 8-6 所示。

2）正常情况下，充电器插上蓄电池充电时电源指示灯为红色，充电指示灯刚充电时为红色，充满电后变为绿色或橙色。如果指示灯不亮，则为有故障，应检修。

2. 测量空载电压法

将充电器插上 220V 交流电，用万用表直流 200V 挡测量充电器的直流输出端空载电压，

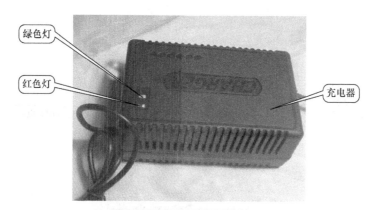

图 8-6　观察充电器的指示灯

36V 充电器输出空载电压为 42V 左右，如图 8-7 所示。48V 充电器输出空载电压为 56V 左右，如图 8-8 所示。60V 充电器输出空载电压为 72V 左右，如图 8-9 所示，否则说明充电器有故障，应检修。

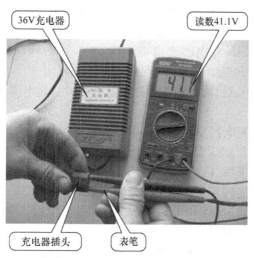

图 8-7　36V 充电器空载电压测量

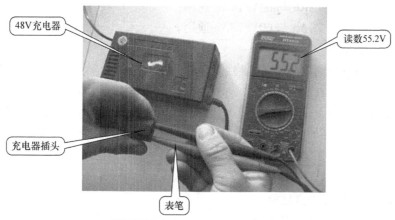

图 8-8　48V 充电器空载电压测量

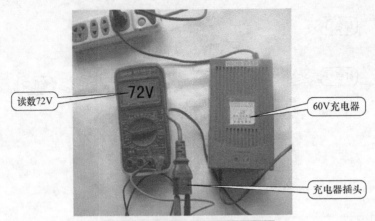

图8-9　60V充电器空载电压测量

3. 测电流法

将万用表置于直流20A挡，红表笔插入20A插孔，把万用表表笔串接在充电器与蓄电池之间的任一根引线上，观察万用表的读数。正常情况下，36V/10Ah充电器充电电流在1.8A左右；48V/20Ah充电器充电电流

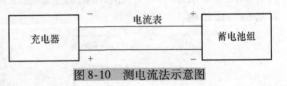

图8-10　测电流法示意图

在2.8A左右，如电流过小或过大，则均为充电器有故障。测电流法示意图如图8-10所示。

（二）充电器代换

充电器代换时应与原充电器型号相同，主要关键点是输出电压和被充蓄电池的Ah（安时）参数都要与电动自行车相配套，还要注意充电器的输出插头的极性与蓄电池插头极性对应，否则会造成充电器损坏。

输出电压和被充蓄电池的容量可通用的充电器如下：

1）36V/10Ah、36V/12Ah与36V/14Ah通用；

2）36V/17Ah、36V/20Ah与36V/22Ah通用；

3）48V/10Ah、48V/12Ah与48V/14Ah通用；

4）48V/17Ah、48V/20Ah与48V/22Ah通用；

5）60V/10Ah、60V/12Ah与60V/14Ah通用；

6）60V/17Ah、60V/20Ah与60V/22Ah通用。

> **知识扩展**
>
> 充电器直流输出插头正负极的判断技巧
>
> 万用表置于直流200V挡，将充电器插上交流电，测量充电器的直流输出插头，如果万用表显示屏显示为－××V电压，则表示红表笔所接插头为负极，如图8-11所示。如果万用表显示屏显示为××V电压，则表示红表笔所接插头为正极，如图8-12所示。

三、有刷控制器损坏检修技能

1. 有刷控制器有无输出检修技能

1）打开电源锁开关，观察仪表上的电源指示灯是否亮（或指针是否有电量指示），如

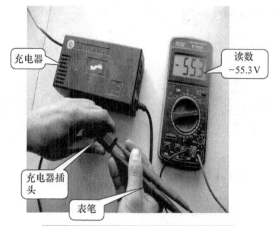

图 8-11　万用表读数为 − × × V 电压

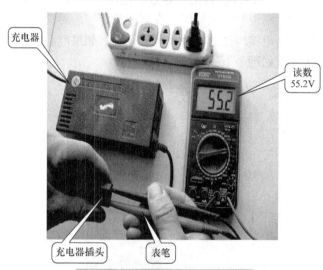

图 8-12　万用表读数为 × × V 电压

果不亮，则检查蓄电池和电源锁；如果仪表上电源指示灯亮，断开刹把两条引线，转动转把试车，如果电动机旋转，则说明刹把损坏，应更换新刹把。观察仪表上的电源指示如图8-13所示。

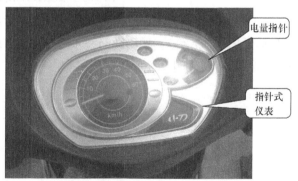

图 8-13　观察仪表上的电源指示

2）将万用表置于直流电压 200V挡，测量控制器的供电线是否有与蓄电池组一致电压。如果没有电压，则检查电源锁和控制器红色供电线上的保险管；如果有电压，则说明控制器已经供电。测量供电线电压如图 8-14 所示。

3）控制器有供电后，测量控制器的 5V 输出（即转把的 5V 供电），如果无 5V 电压，则说明控制器的 5V 输出损坏，应更换控制器。测量控制器 5V 输出如图 8-15 所示。

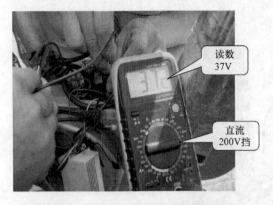

图8-14 测量有刷控制器的供电线电压

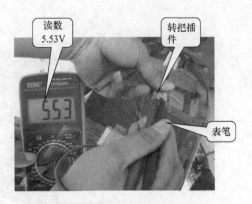

图8-15 测量控制器5V输出

4）如果转把5V供电正常，转动转把，测量转把的信号线与地线之间应有1～4.2V电压变化，如果无电压变化，则说明转把损坏，应更换新转把。对于转把损坏造成的控制器无输出的故障，可用导线直接短接转把的电源线与信号线，如果电动机高速运转，则说明转把损坏。测量转把信号线电压如图8-16所示。

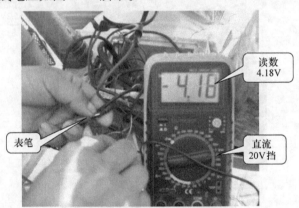

图8-16 测量转把信号线电压

5）如果测量转把输出电压正常，转动转把测量控制器与电动机的两条引线应有0～40V左右电压变化（36V车）。如果控制器无电压输出，则说明控制器损坏，应更换同型号的新控制器，如图8-17所示。

图8-17 测量有刷控制器输出电压

2. 有刷车飞车的检修技能

（1）故障原因

有刷车飞车是指打开电源锁后，电动机高速运转。有刷车飞车有以下原因：

1）转把损坏。

2）控制器烧坏。

3）转把地线断路。

4）转把红色信号线与地线短路。

（2）检修技巧

1）打开前车罩，拔开转把的 3 芯插件（或断开绿色信号线），如果电动机不高速运转，则说明转把损坏，应更换新转把。拔开转把 3 芯插件如图 8-18 所示。

2）拔开转把的 3 芯插件后，如果仍飞车，则说明控制器烧坏，应更换同型号控制器。

3）转把地线断路和转把的红色供电线与绿色信号线短路也会造成飞车，维修时要注意检查。

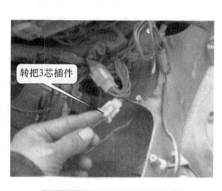

图 8-18　拔开转把 3 芯插件

四、无刷控制器损坏检修技能

1. 无刷控制器损坏的检修技能

1）打开电源锁开关，观察仪表上的电源指针是否有电源指示，如果没电，则检查蓄电池和电源锁；如果有电，则拔掉左右刹把两芯插件，旋转转把试车，如果电动机旋转，则说明刹把损坏，应更换新刹把。

2）将万用表置于直流电压 200V 挡，测量控制器的供电线是否有蓄电池电压。如果没有电压，则检查蓄电池、电源锁和控制器红色供电线的保险管；如果有电压，则说明控制器已经供电。测量无刷控制器的供电线电压如图 8-19 所示。

3）测量控制器输出的转把和霍尔元件 5V 供电，如果无 5V 电压，则说明控制器的 5V 输出损坏，应更换控制器。测量控制器 5V 输出如图 8-20 所示。

图 8-19　测量无刷控制器的供电线电压

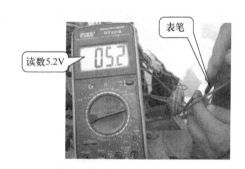

图 8-20　测量控制器 5V 输出

4）如果转把 5V 供电正常，转动转把，测量转把的信号线与地线之间应有 1～4.2V 电压变化，如果无电压变化，则说明转把损坏，应更换新转把。对于转把损坏造成的控制器无输出的故障，可用导线直接短接转把的电源线与信号线，如果电动机高速运转，则说明转把损坏。测量转把信号线电压如图 8-21 所示。

5）如果转把正常，下一步则要检测电动机霍尔元件的好坏。因为电动机霍尔元件损坏，控制器会无输出电压。

6）打开电源锁，将万用表置于直流电压 20V 挡，先检测霍尔元件的红、黑线是否有 5V 供电，然后用手慢慢地转动电动机，用红、黑表笔分别接霍尔元件的蓝、绿、黄信号线与地线，电压应在 0V ~ 5V 变化，说明霍尔元件正常，否则说明霍尔元件损坏，应更换电动机霍尔元件。电动机霍尔元件检测如图 8-22 所示。

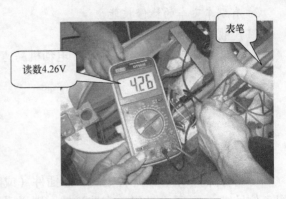

图 8-21　测量转把信号线电压

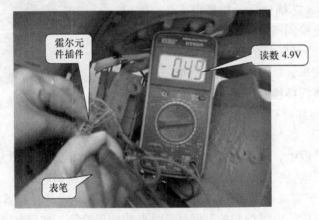

图 8-22　电动机霍尔元件检测

7）在转把和霍尔元件正常的情况下，将万用表置于交流 200V 挡，转动转把测量控制器与电动机的蓝、绿、黄 3 根引线的任两条引线应有 0 ~ 28V 左右由低到高的交流电压（36V 车）。如无交流电压输出，则说明控制器损坏，应更换同型号新的控制器，如图 8-23 所示。

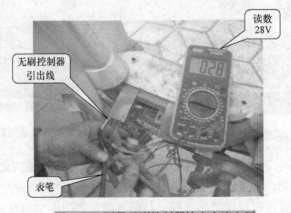

图 8-23　测量无刷控制器输出交流电压

无刷控制器损坏特殊案例：

无刷电动机内是三相脉动电流，有感应电动势，易导致控制器烧毁。如果控制器进水、短路，也会选成控制器烧坏。如果无刷控制器烧坏，则会造成电动机突然卡死，电动自行车骑也骑不动，推也推不动。这时可将无刷控制器与电动机引线断开，将其"开路"，如果电动机转动正常，则说明无刷控制器损坏，更换同型号无刷控制器即可排除故障。

2. 用数字式万用表二极管挡检测无刷控制器技巧

选用万用表二极管挡，将红表笔接无刷控制器负极线，黑表笔依次测量无刷控制器电动机相线蓝、绿、黄线，三根引线测得的结果约为500mV（因型号不同读数有误差），读数应基本一致，表示控制器基本正常，否则说明控制器损坏。需要说明的是，这种方法实际上是测量控制器内MOS管的好坏，因为控制器烧坏，大多为MOS管击穿短路，经过以上测量读数基本一样，只能说明控制基本正常，不代表100%正常；但是读数不一样，例如有个数值显示为0，可判断控制器损坏。万用表二极管挡检测无刷控制器如图8-24所示。

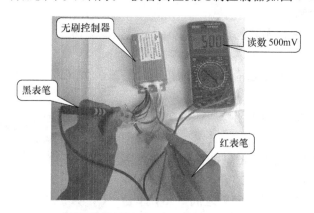

图8-24　用二极管挡检测无刷控制器

3. 用"绿盟"牌 LY-2 无刷电动车综合检测仪检测无刷控制器

把电动自行车的无刷电动机与控制器的8根引线断开，然后将综合检测仪霍尔元件五芯线插头与控制器霍尔元件五芯线插头对接牢固，检测仪的黄、绿、蓝三根电动机相线与无刷控制器的黄、绿、蓝三根相线对接牢固，打开电源锁，将转把转到最大位置，观察检测仪上对应的三组控制器检测指示灯，应有规律地依次交替闪亮，得出检测结果是控制器无故障。反之，有一组指示灯长亮或不亮，则证明该相线功率管已损坏，也就是控制器损坏。

第九章
练会蓄电池检测和修复技能

━━━━━ 第一节　掌握蓄电池检测和更换技能 ━━━━━

一、蓄电池的检测技能

1. 蓄电池外观检测

1) 观看蓄电池外观，无鼓包、变形、裂纹、破损等损伤。

2) 观看蓄电池表面，干净、无电解液渗漏。

3) 观看蓄电池正负极标志清晰，极性正确，红正、黑（或蓝）负。极柱端子无断裂、无锈蚀。

蓄电池外观检测如图 9-1 所示。

2. 蓄电池组电压检测

用万用表的直流电压挡测量电动自行车的充电插头，36V 蓄电池组空载电压在 36～41V 之间；48V 蓄电池组工作电压一般在 42～55V 之间。36V 车蓄电池组电压检测如图 9-2 所示，48V 车蓄电池组电压检测如图 9-3 所示。

图 9-1　蓄电池外观检测

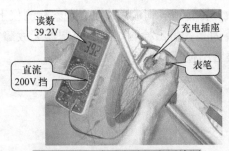

图 9-2　36V 车蓄电池组电压检测

图 9-3　48V 车蓄电池组电压检测

3. 单只蓄电池电压检测

将万用表置于直流 20V 挡，测量单只蓄电池开路电压在 10.5～13V 之间，整组蓄电池中的单只蓄电池的开路电压差不得大于 0.1V，否则说明蓄电池有故障。单只蓄电池开路电压测量如图 9-4 所示。

4. 蓄电池容量表检测

用蓄电池容量表检测单只蓄电池的带载情况，如果指针低于红色刻度（10.5V），则说明蓄电池有故障。用蓄电池容量表检测单只蓄电池如图9-5所示。

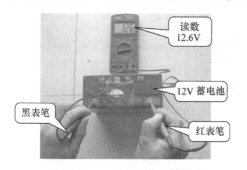

图9-4　单只蓄电池开路电压测量

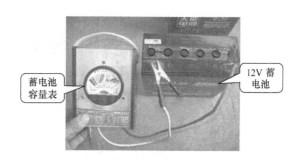

图9-5　蓄电池容量表检测

5. 蓄电池放电检测仪检测放电时间

将蓄电池用充电器充电至转绿灯后，用LY－5型蓄电池放电检测仪采用标准放电电流（10Ah电池用5A，14Ah用7A，17Ah用8.5A，20Ah用10A）进行放电检测，判断蓄电池的容量，蓄电池组中单只蓄电池的放电时间不大于5min。新蓄电池应符合国家标准，放电时间在120min以上，说明蓄电池容量为100%；如果放电时间为60min，则说明蓄电池容量是50%。

用LY－5型蓄电池放电检测仪放电如图9-6所示。

6. 测量蓄电池电解液的密度

对充满电的蓄电池，用密度计测量电解液的密度，应在1.28g/L，越高越好。

测量电解液的密度如图9-7所示。

图9-6　用LY－5型蓄电池放电检测仪放电

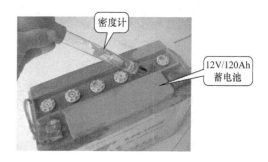

图9-7　测量电解液的密度

二、蓄电池更换技能全程指导

1. 蓄电池组的连接技巧

电动自行车常用12V单只蓄电池串联成蓄电池组，将3只12V单只蓄电池串联成36V蓄电池组；将4只12V单只蓄电池串联成48V蓄电池组；将5只12V单只蓄电池串联成60V蓄电池组，将6只12V单只蓄电池串联成72V蓄电池组。

48V蓄电池组的串联接线图如图9-8所示。48V蓄电池组在电动自行车上的接线图如图

9-9 所示。48V 蓄电池组的串联实物如图 9-10 所示。

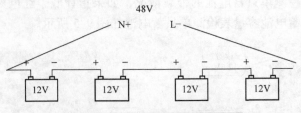

图 9-8　48V 蓄电池组的串联接线图

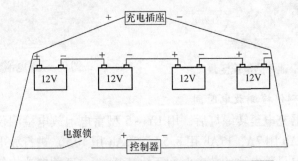

图 9-9　48V 蓄电池组在电动自行车上的接线图

2. 蓄电池在电池盒内安装

1）将新蓄电池按原蓄电池安装方式摆放在蓄电池盒中。

2）用螺丝刀或电烙铁将蓄电池连线固定，按一只蓄电池的正极与另一只蓄电池的负极相连的方法，将所有蓄电池连在一起，最后将蓄电池组的一正一负两根引线接在蓄电池插座上，注意正负极引线与原始的保持一样，否则会造成控制器损坏。连接好的蓄电池组如图 9-11 所示。

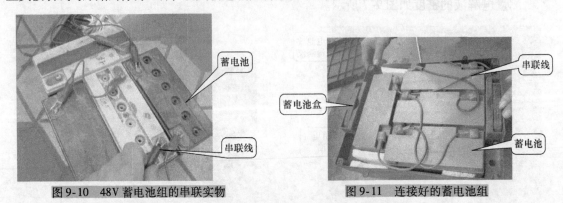

图 9-10　48V 蓄电池组的串联实物　　　　　图 9-11　连接好的蓄电池组

3）蓄电池组连接好后，用万用表 200V 直流电压挡测量蓄电池充电插座上的极性与充电器的正负极性是否对应，否则会损坏充电器，如图 9-12 所示。

4）检测蓄电池盒上的插座的极性与整车插头上的极性是否对应，否则会造成控制器损坏。具体方法是，将电动自行车大支架撑起，打开电源锁，用手转动电动机，用万用表的直流 20V 挡测量插头的极性，如果万用表读数显示"正值"，则说明红表笔所接的是正极；如果万用表读数显示"负值"，则说明红表笔所接的是负极。判断电动车上插头的极性，如图 9-13 所示。

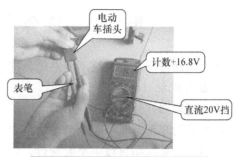

图 9-12　测量充电插座上的电压和极性　　　图 9-13　判断电动车上插头的极性

5）检测正确后，插上蓄电池插头，将蓄电池盒装车，并锁好蓄电池盒锁具。并打开电源锁，试车。

知识扩展

① 蓄电池连接好后，重点检查充电插座与充电器正负极是否对应；蓄电池盒插座与整车上插头（控制器电源线）正负极是否对应。如不对应，则要进行调整。

② 蓄电池拆装更换时，防止蓄电池正负相碰，造成短路事故。

③ 蓄电池盒上一般都安装有保险管，更换蓄电池时应检查保险管是否损坏，如损坏，则应按原型号更换，不可将保险管跳过相连，以防将来发生短路事故。

④ 为防止蓄电池振动造成损坏，可在电池之间加上专用橡胶垫或硬纸，且不可用泡沫材料，因泡沫材料会影响蓄电池散热。

蓄电池专用橡胶垫安装示意图如图 9-14 所示。

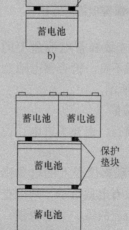

图 9-14　蓄电池专用橡胶垫安装示意图

第二节　练会蓄电池的故障检修技能

一、电动自行车蓄电池不能充电，插上充电器就转绿灯

1. 故障现象

插上充电器就转绿灯，充不进电。

电动自行车蓄电池不能充电，整车表现两种情况：一种是电动自行车骑行正常，但充不进电；另一种是电动自行车不能骑行，也充不进电。

2. 故障检修技能

（1）第一种情况检修

电动自行车骑行正常，但充不进电，说明整车其他部分正常，故障在蓄电池充电部分电路。

1）首检测充电器，36V 充电器输出电压应为 42V 左右；48V 充电器输出电压应为 56V 左右；60V 电充器输出电压应为 72V 左右。如果充电器损坏，则应更换或检修充电器。测量 48V 充电器输出电压如图 9-15 所示。

2）检查充电插座和充电器插头是否有故障，如图 9-16 所示。

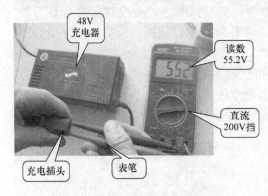

图 9-15　测量 48V 充电器输出电压

图 9-16　检查充电插座

3）检查充电插座连线和蓄电池盒上的保险管是否损坏或接触不良。检查蓄电池盒上的保险管如图 9-17 所示。

（2）第二种情况检修

电动自行车不能骑行，也充不进电，说明蓄电池有故障。

1）打开电源锁，观察仪表上的电源指针是否有指示，如果没有电量指示，则检查

图 9-17　检查蓄电池盒上的保险管

整车供电部分电路是否有故障，如电源锁、蓄电池盒插头、蓄电池连线。如果有电量指示，则转动转把，观察仪表上的电源指针。如果下降较快，则说明蓄电池有故障，打开电池盒检查。观察仪表上的电源指针如图 9-18 所示。

2）打开蓄电池盒，检查蓄电池连线是否氧化、腐蚀，用蓄电池容量表检测单只蓄电

池，如果低于红色刻度，则说明蓄电池损坏，应更换。用蓄电池容量表检测如图9-19所示。

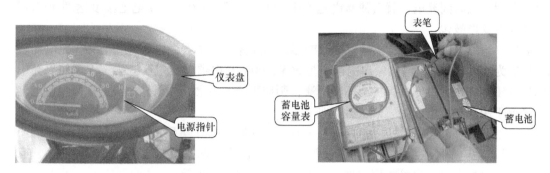

图9-18　观察仪表上的电源指针　　　　图9-19　用蓄电池容量表检测

3）如果用蓄电池容量表检测电池未发现故障，则可能是蓄电池极板存在不可逆硫酸盐化，造成充不进电，需用修复仪修复或更换蓄电池。

3. 故障检修实例

（1）故障现象

某电动自行车骑行中，由于道路不平引起振动，突然仪表上没电。

（2）检查排除

用万用表测充电插座无电压，需打开蓄电池盒检修。从车上取下蓄电池盒，打开检查，发现蓄电池连线正常，用万用表直流电压挡逐一检查蓄电池电压，发现有一只蓄电池无电压，如图9-20所示。可能是蓄电池内部断格所致，检查蓄电池年限，找一只相同容量的蓄电池更换装车，试车正常。

二、蓄电池充电10～15h仍不转绿灯造成蓄电池变形鼓包

1. 故障现象

蓄电池充电10～15h仍不转绿灯，造成蓄电池变形鼓包。

一组蓄电池变形鼓包如图9-21所示。

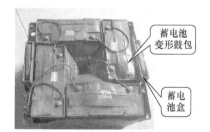

图9-20　检测蓄电池电压　　　　图9-21　一组蓄电池变形鼓包

2. 故障原因

蓄电池在使用一年后，由于蓄电池容量自然衰减，充电时间会减少，电动自行车的续行里程也会自然下降。有的用户有个错误的概念，认为蓄电池充电时间越长，蓄电池的储电量就越大，所以就人为地故意对蓄电池过充电，这样就容易使蓄电池变形鼓包。蓄电池正常充电一般在充电器转绿灯后再浮充1~2h即可拔下充电器，停止充电，如果此时蓄电池缺水严重再加上用户长时间充电，就会使蓄电池产生"热失控"现象，当蓄电池温度达到80℃以上，即发生变形鼓包。

如果一组蓄电池（3只或4只）同时变形，则应先对充电器做电压检查。36V充电器输出电压应为42V，48V充电器输出电压应为56V，60V充电器输出电压应为72V。如果充电器输出电压偏高、无过充电保护或不转涓流，则应更换充电器。如果充电器正常，则蓄电池变形是由于用户过充电产生"热失控"所致。

一组蓄电池（3只或4只）中只有1只或2只变形，则有以下故障的可能：

1）蓄电池电荷不一致，充电时容量低的蓄电池过充引起变形。电荷不一致的原因，有可能有短路单格存在，也可能用户将蓄电池试验放电或自放电等。

2）某些蓄电池出现极板不可逆转硫酸盐化，内阻增大，充电发热变形。

3）蓄电池连线时错误，造成充电发热变形。对未变形的蓄电池检查放电容量以及自放电特性，若无异常，则不属于蓄电池问题。

3. 故障检修技能

1）蓄电池在使用过程中应防止过充电和过放电的发生，做到足电存放；严格检查充电器，不得有严重过充现象。

2）在高温下充电，必须保证蓄电池散热良好。应采取降温措施或减短充电时间的方法，否则应停止充电。

3）保证不漏液的前提下尽可能多加液，以延长或避免"热失控"的产生。

4）避免蓄电池连线或内部产生短路或微短路。

三、蓄电池自放电严重

蓄电池在不使用的情况下，电量下降的现象称为自行放电。

任何出厂已充满电的蓄电池都是具有一定活性的。因此，它的存储和工作都是有一定期限的。无论在何种条件下，这种类型的蓄电池都会产生自放电现象。存放的温度越高，自放电的程度就会越高。一般情况下，每天消耗本身电量的1%~2%是正常的，如超过此数值，则为不正常放电。如果一个充足电的蓄电池，储存1个月内，电能容量大约损失一半，即有故障。

1. 故障原因

主要有以下原因：

1）隔板破裂，造成局部短路。

2）极板活性物质脱落，使极板短路造成放电。

3）极板材料或电解液中有杂质，使蓄电池放电。

4）蓄电池盖上有电解液或水，使正负极形成通路而放电。

5）蓄电池长期存放，电解液中硫酸下沉，使上部密度小，下部密度大，引起自放电。

2. 故障检修技能

1）为确保蓄电池不会过度放电，以致完全损坏（硫酸盐化），应定期对蓄电池电压进行检查，一般每月检查一次蓄电池的电压，蓄电池的电压下降至12.4V或更低就必须充电。

2）检查蓄电池正负连接线是否可靠，有无短路和连接不可靠等，若有，则排除之。

3）蓄电池修复时应加强保养，保持蓄电池上盖清洁。

4）保证电解液有较高的纯度，在配制电解液添加蒸馏水时，都应严防杂质进入。

5）蓄电池在存放过程中应经常充电，使电解液密度保持均匀，并使液面不致下降。

6）冲洗蓄电池外表时应预防污水从加液口盖或通气孔处进入蓄电池内部。

7）隔板、极板损坏时应及时修复或更换。

8）更换电解液时，一定要将蓄电池内的残液清除干净。

3．故障检修实例

（1）故障现象

用户反映，刚充满电的电动自行车，隔夜后电量下降一半，蓄电池自放电严重。

（2）检查排除

打开蓄电池盒检查，发现蓄电池连线有破皮处，用绝缘胶带包扎处理后，用户试车，隔夜后电量仍下降一半。进一步检查，找到控制器，检查控制器附近连线，发现控制器正负极连线由于发热软化而相连，将其分开后，发现导线破皮后有少量铜线相连，造成自放电，用绝缘胶带包好，交用户试车正常。

四、蓄电池漏液

1．故障现象

常见的蓄电池漏液现象如下：

1）上盖与底槽之间密封不好或因碰撞、封口胶开裂造成漏液。

2）加入的电解液过多，帽阀处渗酸漏液。

3）接线端子处渗酸漏液。

4）蓄电池安装时倒置，使电解液外漏。

2．故障检修技能

1）先做外观检查，找出渗酸漏液部位。如果是外壳有孔，则可用 AB 胶封好，此种情况大多是蓄电池盒中有螺栓，造成蓄电池外壳有孔，维修时应检查蓄电池盒内是否有异物；如果是蓄电池倒置造成的，则应重新对蓄电池进行安装。

2）打开蓄电池上盖，检查阀帽周围有无渗酸漏液痕迹，然后打开阀帽观察蓄电池内部有无流动的电解液，如果电解液过多，则需用注射器吸出多余电解液。

3）完成了上述工作之后，若仍未发现异常，则应做气密性测试，将蓄电池放入水中充气加压，观察蓄电池有无气泡产生并冒出，若有气泡，则说明有渗酸漏液。如果接线端子处渗酸漏液，则应重新用 AB 胶封好。

五、蓄电池"短寿"

1．故障现象

用户反映电动自行车蓄电池寿命短，使用不到一年就出问题。

2．故障原因

造成蓄电池寿命短的原因，除蓄电池自身的质量原因，例如铅的纯度低（使用回收铅）、工艺配方、极板工艺及加工精度等因素外，以下原因也直接影响到蓄电池寿命：

1）采用二段式充电器电路简单，价格低廉，容易造成电压不稳，过充电或无涓流保护，直接影响蓄电池寿命。

2）电动机电流过大，电动机笨重，磁钢退磁、效率低。同样情况下有刷电动机耗电量大，续行里程短，影响蓄电池寿命。

3）使用低价控制器，因其功能不全，无过电流、欠电压、限流保护，造成蓄电池过度放电伤害，会潜在影响蓄电池寿命。

4）踏板电动自行车车体重，用户经常超载，骑行无助力，造成蓄电池寿命短。

六、蓄电池充电时发热严重

1. 故障现象

用户反映，蓄电池充电时发热严重，用手摸蓄电池盒外壳烫手。

2. 故障原因

1）检测充电器输出电压。由于充电器损坏，输出电压过高。

2）用户过充电，电动自行车放电到欠电压时，充电时间为 $6\sim8h$。

3）蓄电池极板硫化，导致充电后期发生电解水反应（产生 H_2 和 O_2），蓄电池内部压力增大，H_2 和 O_2 泄漏，造成水分丢失。当水分丢失过多，蓄电池内部发生热失控，蓄电池就会鼓包，如果发生极板断裂产生火花，点燃 H_2 和 O_2 就会爆炸。

3. 故障检修技能

1）充电器损坏的，应检修或更换新充电器。

2）对于缺水造成的蓄电池发热，对蓄电池进行加水处理。个别蓄电池加水后会迅速失效，造成这种现象的原因并非是加水所致，恰恰是因为没有及时加水或加水工艺不合理所致。

3）如果是硫化造成的充电发热，可用修复仪进行修复除硫。

七、蓄电池组容量"不均衡"

1. 故障现象

用户反映，电动自行车蓄电池使用 $8\sim10$ 个月后，电动自行车续行里程减少。

2. 故障原因

串联蓄电池组的均衡性是一个世界性的难题，使用过程中总会有"落后"蓄电池存在。其原因是多种多样的，有生产原因，也有原材料的原因和使用的原因等。所以新铅酸蓄电池一般要配组出厂，将蓄电池放电时间和单只电压接近的配成一组。电动自行车蓄电池使用 $8\sim10$ 个月后出现蓄电池容量"不均衡"，造成电动自行车续行里程减少。

3. 故障检修技能

首先使用万用表和蓄电池容量表测量，将个别有故障（断格、短路）的蓄电池挑出，用相同电压、容量的蓄电池进行更换配组。用万用表测量蓄电池电压如图9-22所示。用蓄电池容量表测量如图9-23所示。

读数 9.34V
表笔
12V蓄电池

图9-22　用万用表测量蓄电池电压

图 9-23　用蓄电池容量表测量

对于硫化的蓄电池用修复仪进行修复维护充电，然后用 2 小时率将蓄电池放电，记录蓄电池放电时间，并将修复后的蓄电池进行重新配组装车。

八、蓄电池内部断格

1. 故障现象

蓄电池内部断格后单只蓄电池电压低于 10.5V，会造成电动自行车不能运行。

2. 故障原因

1）骑行电动自行车时，蓄电池振动，使蓄电池内过桥开焊。

2）蓄电池生产中质量原因造成，如焊接质量问题或者隔板质量问题。

3. 故障检修技能

如果蓄电池出现断格，属于物理损坏，不能用修复仪修复，需打开蓄电池上盖，用万用表测量每个单格，找出断格部分，对断格部分进行处理，方可排除故障。如果不具备维修条件和技术，一般需更换新蓄电池。用万用表检测蓄电池单格电压如图 9-24 所示。

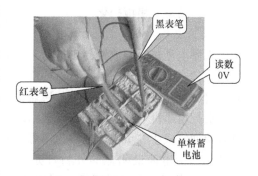

图 9-24　用万用表检测蓄电池单格电压

九、蓄电池内部短路

1. 故障现象

蓄电池的短路是指蓄电池内部正负极群相连。通常有以下特征：

1）大电流放电时，端电压迅速下降到零。

2）充电末期冒气少或无气泡。

3）充电时电解液温度上升快，密度上升慢，甚至不上升。

4）开路电压低，闭路电压（放电）很快达到终止电压。

5）蓄电池自放电严重。

6）电解液密度很低，在低温环境中电解液会出现结冰现象。

7）充电时，电压上升很慢，始终保持低值（有时降为零）。

8）充电时，电解液温度上升很慢或几乎无变化。

2. 故障原因

1）焊接熔化物落在蓄电池内部。焊接极群时"铅流"未除尽，或装配时有"铅豆"在正负极板间存在，在充放电过程中损坏隔板造成正负极板相连。

2）隔板窜位使正负极板相连。

3）严重硫化造成的晶枝搭桥短路。

4）正极板活性物质膨胀脱落，因脱落的活性物质沉积过多，致使正、负极下部边缘或侧面边缘与沉积物相互接触而造成正负极板相连，这种蓄电池表现为电解液发黑。

5）导电物体落入蓄电池内。

3. 故障检修技能

如果蓄电池出现短路，属于物理损坏，不能用修复仪修复，需打开蓄电池上盖，用万用表测量每个单格，找出短路部分，对短路部分进行处理，方可排除故障。如果不具备维修条件和技术，一般需更换新蓄电池。

十、蓄电池电解液发黑

1. 故障现象

蓄电池修复充电时，修复充电 3 ~ 5h 后，开始产生气泡，发现蓄电池电解液发黑。

2. 故障原因

蓄电池阳极软化，活性物质膨胀脱落，使电解液发黑。

3. 故障检修技能

如果电解液轻度发黑，可在蓄电池修复时把发黑的电解液吸出，加入新的电解液。如果电解液发黑严重，则表明蓄电池正极板脱粉严重，极板已经软化，蓄电池修好的可能性不大，应做报废处理。

十一、蓄电池极板硫化

1. 故障现象

如果蓄电池长时间放置，不进行补充电能，蓄电池内部就会发生称为"硫酸盐化"的化学反应，它会永久性削弱甚至损坏蓄电池。硫酸盐化现象发生时，在蓄电池的极板上可以看到一种白灰色的薄膜，这就是硫酸盐化，简称"硫化"。蓄电池硫酸盐化后，在负极板上产生一层导电不良、白色坚硬的硫酸铅结晶，充电时又非常难于转化为活性物质的硫酸铅，这种现象通常发生在负极，也称为不可逆硫酸盐化。

硫化的蓄电池最明显的外特征是蓄电池容量下降，内阻增加，表现为充电时间短，很快就将电放完。蓄电池极板硫化如图 9-25 所示。

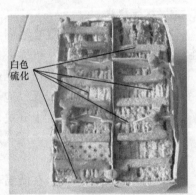

白色硫化

图 9-25 蓄电池极板硫化

蓄电池极板硫化故障特征如下：

1）蓄电池容量降低，表现为充电时间减短又很快把电放完。

2）电解液密度低于正常值。

3）开始充电和充电完毕时蓄电池端电压过高。

4）充电时过早发生气泡或开始充电就发生气泡。

5）充电时电解液温度上升较快。

2. 故障原因

在正常的充电和放电的循环中，来自极板的活性物质不断活动，进行电化学反应，从而产生电流。蓄电池每进行一次充、放电循环，其极板上的活性物质都有少量的损失。决定蓄电池最终使用寿命的因素很多，因此，不可能规定蓄电池最短或最长的使用寿命。充、放电所引起的正常蓄电池损耗是渐进的，最终会使蓄电池失效。

过度充、放电循环造成硫化。蓄电池的每一次充、放电循环都会失去少量的活性物质。如果蓄电池过度放电（超过40%），然后快速充电，这种损耗的过程就会加速。此外，如果充电不充分，蓄电池的性能减弱也会很快体现出来。当这种现象发生时，甚至充电之后，电压仍会低于 12.4 V，这种情况下容易出现硫酸盐化。

蓄电池极板硫化的原因归纳如下：

1）新蓄电池初始充电不足。

2）已放电或半放电状态放置时间过久，自放电率高。

3）蓄电池长期充电不足，长时间处于欠充电状态。

4）蓄电池经常过量放电。

5）蓄电池电解液干涸，致使极板上部露出。

6）蓄电池放电后未对其进行及时充电或放电电流过大。

7）电解液不纯或加入的电解液密度过高。

3. 故障检修技能

蓄电池产生不可逆硫酸盐化时，应及时发现故障查找原因，尽快采取有效措施进行排除。目前国际上通用的方法是用蓄电池脉冲修复仪进行修复除硫。

十二、刚换的新蓄电池电动自行车也跑不远

1. 故障现象

用户反映，刚换的新蓄电池电动自行车跑不远，一般不是蓄电池的原因，需对电动自行车进行检查。

2. 故障原因

1）整车性能下降，机械部分不灵活，缺少润滑油，轴承卡滞，车架变形，前后轮不平行等。

2）电动机耗电量大，电刷磨损，线圈漏电，磁钢退磁，控制器性能变差。

3）充电器性能下降，蓄电池没有充满电。

4）控制器欠电压保护值过高，蓄电池没有放完电车就跑不动。

3. 故障检修技能

1）检查电动自行车起动和运行电流是否过大，若过大（起动电流在8A以上，运行时的空载电流在1.8A以上），则应对电动机进行检修处理。

知识扩展

电动机电流测量方法：将万用表置于直流 20A 挡位，红表笔插在 20A 插孔，黑表笔串接在控制器的红色进线上，打开电源锁，转动转把 10min，读取万用表读数。

2）检查蓄电池组电压是否偏低，如果过低，则应对蓄电池进行充电。

3）检测充电器如果有故障，则更换新充电器。

4) 控制器欠电压保护值过高, 需调整控制器欠电压保护值或更换控制器。

第三节　练会蓄电池的修复技能

一、了解蓄电池修复常用工具

蓄电池修复常用工具如表9-1所示。

表9-1　蓄电池修复常用工具

	名称	用途	单位	数量
1	密度计	测量蓄电池密度	个	1
2	吸管(或注射器)	加电解液	个	1
3	小号一字长形螺丝刀	拆卸蓄电池上盖	个	1
4	手电筒	观察蓄电池内部	个	1
5	万能胶(或PVC胶)	粘牢蓄电池上盖	桶	若干
6	鳄鱼夹	连接蓄电池	个	若干
7	"绿盟"牌铅酸蓄电池补充电解液	蓄电池修复补充电解液	壶	若干
8	"绿盟"牌铅酸蓄电池高效修复剂	蓄电池修复专用液	壶	若干

1. 一字螺丝刀

小号一字螺丝刀用于撬开蓄电池上盖。小号一字螺丝刀外形如图9-26所示。

2. 注射器

注射器用于对蓄电池补充电解液, 使用前应取下铁针头。注射器外形如图9-27所示。

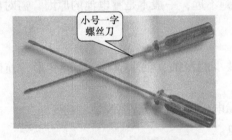

图9-26　小号一字螺丝刀外形

图9-27　注射器外形

3. 手电筒

手电筒用于观察蓄电池内部的电解液。手电筒外形如图9-28所示。

4. PVC 胶

PVC胶(日常用于粘接塑料下水管)用于蓄电池修复后封好蓄电池上盖板。PVC胶外形如图9-29所示。

5. 密度计

密度计用于测量电解液的密度。密度计外形如图9-30所示。

图9-28　手电筒外形

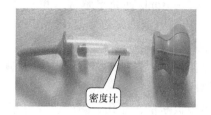

图 9-29　PVC 胶外形　　　　　图 9-30　密度计外形

6. 补充电解液

补充电解液用于修复时给蓄电池补水。也可以使用去离子水、纯水或蒸馏水。补充电解液如图 9-31 所示。

7. "绿盟"牌蓄电池高效修复剂

蓄电池高效修复剂的作用是针对大容量蓄电池修复时加入的添加剂，例如修复汽车或三轮车蓄电池时所使用。蓄电池高效修复剂如图 9-32 所示。

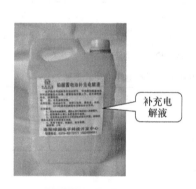

图 9-31　补充电解液　　　　　图 9-32　蓄电池高效修复剂

（1）产品概述

本产品是经科技攻关研制成功的新一代蓄电池修复专用高效修复剂，适用于铅酸蓄电池、胶体蓄电池的修复与保养。对蓄电池的早衰（充不进电、容量下降、冬天行驶里程下降）具有恢复容量功能，可有效延长蓄电池使用寿命。当发现蓄电池容量下降时，及时使用本产品效果更好。

（2）适用范围

摩托车用蓄电池、电动车用蓄电池、电动摩托车用蓄电池、汽车用蓄电池、UPS 电源用蓄电池均可以使用。

（3）使用方法

使用蓄电池检测表检查蓄电池是否有物理损坏、严重脱粉、极板断格、穿孔，尽可能地把蓄电池合理配组，电压、容量接近配成一组，低的和低的一组，高的和高的一组。如果蓄电池电压过低，则应在加入蓄电池修复剂前充电 1h。用小螺丝刀打开蓄电池上盖加入蓄电池修复剂，加入修复剂前应摇匀使用，每小孔加入 5mL，胶体蓄电池和大容量蓄电池加入

5~7mL，添加修复剂后立即放电，把电压放到零（注意：零放电只能进行一次）。缺水严重的蓄电池再加入5~10mL补充电解液（酸度不要超过1.03g/L）或蒸馏水，加到能看到液体为宜。然后使用蓄电池修复仪修复12~17h即可。

（4）注意事项

1）本产品使用时，先加入修复剂，如不满，再加入补充电解液，然后再进行零放电。零放电一个月只能一次。

2）蓄电池极板断格、穿孔、漏液、变形等物理损坏使用本产品无效。

二、了解蓄电池修复常用仪器

下面以河南洛阳绿盟电动车维修培训学校研制的"绿盟"牌LY系列蓄电池脉冲修复仪为例进行说明，各种机型所修复的蓄电池的容量大小和数量多少不等，用户可以根据自己的情况选用。

蓄电池修复常用仪器如表9-2所示。

表9-2　蓄电池修复常用仪器

序号	名称	用途	单位	备注
1	"绿盟"牌LY-5蓄电池容量精密检测仪	蓄电池放电时间检测	台	任选1台
2	"绿盟"牌LY-6五合一蓄电池智能脉冲修复仪	蓄电池检测、修复	台	
3	"绿盟"牌LY-7蓄电池智能脉冲修复仪	蓄电池检测、修复	台	
4	"绿盟"牌LY-8蓄电池检测修复组合柜	蓄电池检测、修复	台	
5	"绿盟"牌LY-9蓄电池检测修复组合柜	100Ah以下蓄电池检测、修复	台	
6	"绿盟"牌LY-10蓄电池检测修复组合系统	200Ah以下蓄电池检测、修复	台	
7	"绿盟"牌LY-11蓄电池放电仪	0~30A电流对蓄电池进行放电检测	台	
8	"绿盟"牌16V蓄电池容量检测仪	16V蓄电池放电检测	台	

（一）"绿盟"牌LY-5蓄电池容量精密检测仪

1. 产品概述

"绿盟"牌LY-5蓄电池容量精密检测仪采用精密电子电路，可同时对四只12V蓄电池进行5A、7A、8.5A、10A恒流放电检测，精确度高，安全可靠，使用方便。例如，用户对新出厂12V/10A蓄电池进行5A检测，正常可放电120min，用户可以对比判断蓄电池容量。LY-5蓄电池容量精密检测仪外形如图9-33所示。

LY-5蓄电池容量精密检测仪

图9-33　LY-5蓄电池容量精密检测仪外形

2. 技术参数

1）输入电压：AC220V、50Hz。

2）检测蓄电池电压：12V。

3）检测蓄电池容量：10~24Ah。

4）放电电流设定：5A、7A、8.5A、10A。

5）电压显示：00.00～99.99V。

6）电压显示精度：±0.1V。

7）放电截止电压：10.5V（±0.1V）。

8）外形尺寸：570mm×400mm×200mm。

9）机箱交流保险管：220V/3A。

3. 使用说明

1）插上220V交流电源，打开电源开关。红色"电源指示灯"点亮，这时四路数字电压表同时点亮，分别显示"00.00"。

2）把仪器附件中所带的输出连接线一端与仪器输出端子接好，红线（正极）接仪器上红色端子，蓝（黑）线（负极）接仪器上黑色端子（注意，正负极不可接反）。另一端与需要检测的单只12V蓄电池连接好，红线接蓄电池的正极，蓝（黑）线接蓄电池的负极。

注意：所检测蓄电池电压必须与机器额定电压一样，并且机器连线与电池的正负极接线正确，否则，蓄电池容量精密检测仪无法正常工作并可能导致电路损坏。

3）转动放电波段调节开关，选择放电电流安数。12V/10～12Ah蓄电池选择5A放电；12V/14Ah蓄电池选择7A放电；12V/17Ah蓄电池选择8.5A放电；12V/20Ah蓄电池选择10A放电。

4）蓄电池放电截止电压为10.5V（±0.1V），当被检测的蓄电池电压下降到10.5V时，微电脑报警器发出报警，记录放电时间后，蓄电池检测即可终止。（如用户关闭报警开关仍可继续放电）

5）放电完毕后，务必先转动放电调节开关到"关"停止放电，再拔下蓄电池一端连线，后关闭电源，拔下电源插头。

4. 蓄电池容量计算公式

放电时间×放电电流＝蓄电池容量。例如，如果蓄电池外壳标称容量为10Ah，放电2h，放电电流设定为5A，那么检测的蓄电池容量为2×5＝10Ah。

5. 注意事项

1）本仪器为精密电子仪器，要放置在通风良好的桌面上使用。

2）蓄电池在检测过程中会放出热量，仪器的后面板要距离墙不少于20cm。仪器侧面的散热孔不能被堵住，以免影响通风散热，造成仪器损坏。

3）仪器使用时先打开电源总开关，待蓄电池夹好后，再打开放电开关。仪器不用时，应先关闭放电开关，再关闭总电源开关，严禁带电插拔电池连线，以免造成机器损坏。

（二）"绿盟"牌LY-6五合一蓄电池智能脉冲修复仪

1. 产品概述

本机是多功能综合充、放机型，可修复电动自行车蓄电池。

本修复仪智能控制产生的脉冲波，可以同时对36V/10～24Ah一组、48V/10～24Ah两组蓄电池，共11只同时进行修复，同时可对12V两只蓄电池进行放电检测。只需1～2天左右时间，便可清除蓄电池极板硫化物，修复率可达90%以上。

LY-6五合一蓄电池智能脉冲修复仪外形如图9-34所示。

2. 技术参数

1）交流输入220V×（1±10%）、50Hz。

LY-6五合一蓄电池智能脉冲修复仪

图9-34　LY-6五合一蓄电池智能脉冲修复仪外形

2）整机工作效率≥90%。

3）蓄电池修复：可对48V/10~24Ah三组蓄电池同时进行修复。

4）放电检测：两只12V蓄电池进行放电检测，放电电流5A、7A、8.5A、10A四挡可调。

5）冷却方式：对流风冷结构。

6）外形尺寸：580mm×400mm×200mm。

7）机箱交流保险管：220V/5A。

8）左起1路防反接保险3A，左起2、3路防反接保险5A。

9）输入、输出双回路保险。

10）数码显示充电时间，稳定性好，显示清晰，精度高。

3. 适用范围

主要适用于电动车、摩托车、UPS电源等铅酸蓄电池修复。可修复报废、寿命将近终止的铅酸蓄电池，清除不可逆硫酸盐化，延长蓄电池使用寿命，恢复蓄电池的容量，提高蓄电池的工作状态。

4. 主要工作原理

铅酸蓄电池修复仪采用高复合高频电子扫频脉冲，不间断地发出特定频率、特定波形的脉冲波，用以清除极板上的硫化物结晶，并防止新的硫化物结晶产生。微充电电流用以补偿蓄电池自放电损耗。电脉冲波能够使硫酸结晶体化为细小晶体，使其能够正常地参与充放电的电化学反应，彻底地解决了蓄电池的不可逆硫酸盐化问题。

（三）"绿盟"牌LY-7蓄电池智能脉冲修复仪

1. 产品概述

本机是多功能综合充、放机型，可修复电动自行车和汽车蓄电池。

本修复仪智能控制产生的脉冲波，可以同时对48V/10~24Ah两组蓄电池、48V/100Ah一组，共12只同时进行修复，同时可对12V两只蓄电池进行放电检测。只需1~2天左右时间，便可清除蓄电池极板硫化物，修复率可达90%以上。本产品作用：无损修复、清除不可逆硫酸盐化、延长电池寿命。LY-7蓄电池智能脉冲修复仪外形如图9-35所示。

2. 技术参数

1）交流输入：220V×（1±10%）、50Hz。

2）整机工作效率≥90%。

图 9-35　LY -7 蓄电池智能脉冲修复仪外形

3）放电检测：可对 12V 蓄电池两只进行放电检测，放电电流 5A、7A、8.5A、10A 任意设定。

4）修复充电：左起 1 路可修复 48V/10 ~24Ah 蓄电池一组，修复电流约 3A。第 2 路可修复 48V/10 ~80Ah 蓄电池一组，一个开关开时修复电流 3A，两个开关开时修复电流 6A，可修复 48V/24Ah 以下蓄电池组。第 3 路可修复 48V/100 ~200Ah 以下蓄电池，修复电流约 10A。

5）冷却方式：对流风冷结构。

6）外形尺寸：580mm × 400mm × 200mm。

7）机箱交流保险管 10A。

8）1 路 48V 直流防反接保险 5A；2 路直流防反接保险 10A；3 路直流防反接保险 20A。

9）输入、输出双回路保险。

10）数码显示充电时间，稳定性好，显示清晰，精度高。

3. 适用范围

主要应用于汽车、三轮车、电动车、10 ~120Ah 容量的铅酸蓄电池。

（四）"绿盟"牌 LY -8 蓄电池检测修复组合柜

1. 产品概述

本机是小型多功能充、放电机柜，可修复电动自行车蓄电池。

本修复仪智能控制产生的正负脉冲波，可以同时对 4 组 24Ah 以下蓄电池进行修复。只需 1 ~2 天左右时间，便可清除电池极板硫化物，修复效果可达 95% 以上；同时可对 4 只 12V 蓄电池进行精密恒流放电检测。

LY -8 蓄电池检测修复组合柜外形如图 9-36 所示。

2. 技术参数

1）交流输入 220V ×（1 ±10%）、50Hz。

2）整机工作效率≥95%。

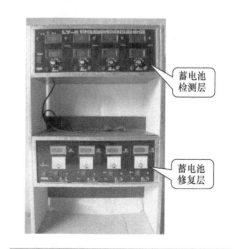

图 9-36　LY -8 蓄电池检测修复组合柜外形

3) 第一层放电检测：可对 4 只 12V 蓄电池进行精密恒流放电检测，放电电流 5A、7A、8.5A、10A 可调。

4) 第二层蓄电池修复：左起 1 路和 2 路为电压 48V，电流 1.8A，可对 48V/24Ah 以下蓄电池进行修复；左起第 3 路和 4 路电压 48V，电流 2.8A 可对 48V/24Ah 以下蓄电池进行修复。修复时间定时设置，到时自停。

5) 冷却方式：直通风冷结构。

6) 外形尺寸：1200mm × 350mm × 900mm。

7) 交流保险管：220V/5A。

8) 输入、输出双保险。直流防反接保护保险第 1、2 路 3A；第 3、4 路 5A。

9) 充电时间自行设定，显示清晰，精度高，到时自停。

3. 适用范围

主要适用于修复电动自行车、电动摩托车 10 ~ 24Ah 的铅酸蓄电池。对报废、寿命将近终止的蓄电池进行修复，清除不可逆硫酸盐化，延长蓄电池寿命，提高蓄电池的工作状态。

（五）"绿盟"牌 LY - 9 蓄电池检测修复组合柜

1. 产品概述

本机是中型多功能综合充、放电机柜，可修复电动自行车和汽车蓄电池。

本修复仪智能控制产生的正负脉冲波，可以同时对 6 组蓄电池电池进行修复。只需 1 ~ 2 天左右时间，便可清除蓄电池极板硫化物，修复率可达 95% 以上，同时可对 6 只 12V 蓄电池进行精密恒流放电检测。

蓄电池检测修复组合柜是专为蓄电池维护、维修店，电动车经销商，蓄电池经销商，售后服务使用而生产的一款综合中型检测修复系统。本机功能完善先进，真正地从蓄电池的维修原理着手，从根本上延长了蓄电池的寿命，是蓄电池维修行业的理想配套设备。

LY - 9 蓄电池检测修复组合柜外形如图 9-37 所示。

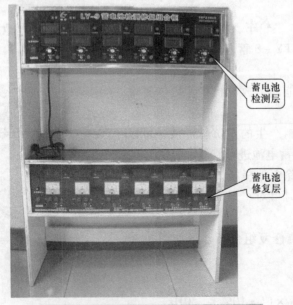

图 9-37　LY - 9 蓄电池检测修复组合柜外形

2. 技术参数

1）交流输入220V×（1±10%）、50Hz。

2）整机工作效率≥95%。

3）第一层放电检测：可对6只12V蓄电池进行精密恒流放电检测，放电电流5A、7A、8.5A、10A可调。

4）第二层蓄电池修复：左起1、2路电压48V，设两路开关，一个开时电流3A，2个开时电流6A，可对电压48V/100Ah以下蓄电池进行修复。左起3、4路电压48V，修复电流1.8A，可对电压48V/24Ah以下蓄电池进行修复。左起5路电压36V，修复电流1.8A，可对36V/24Ah以下蓄电池修复。左起第6路电压48V，修复电流10A，可对48V/100～200Ah以内蓄电池进行修复，修复时间按蓄电池容量和修复电流定时设置，到时自停。

5）冷却方式：直通风冷结构。

6）外形尺寸：1200mm×350mm×900mm。

7）交流保险管：220V/10A。

8）直流防反接保护保险第1、2路为10A；第3、4路为5A；第5、6路为3A；第6路为15A。

9）输入、输出双回路保险。

10）数码显示充电时间，自行定时，到时自停。

3. 适用范围

主要适用于修复电动车、电动摩托车单只12V/10～100Ah的铅酸蓄电池。对容量降低、寿命将近终止的蓄电池进行修复，清除不可逆硫酸盐化，延长蓄电池寿命，提高蓄电池的工作状态。

（六）"绿盟"牌LY-10蓄电池检测修复组合系统

本机是大型多功能综合充、放电机柜，可修复电动自行车和汽车蓄电池。

LY-10蓄电池检测修复组合系统外形如图9-38所示。

图9-38 LY-10蓄电池检测修复组合系统

1. 技术参数

1）交流输入220V×（1±10%）、50Hz。

2）整机工作效率≥95%。

3）外形尺寸：1200mm×350mm×1900mm。

4）冷却方式：多通道对流风冷结构。

5）数码显示：时间、电压。稳定性好，显示清晰，精度高。

6）输入、输出双回路保险。

2. 适用范围

蓄电池检测修复组合系统是专为蓄电池生产厂家、蓄电池维护、维修店而生产的一款综合大型修复机。该机修复、放电检测精确度高，修复效果好，功能完善先进，真正地从蓄电池的维修原理着手，从根本上延长了蓄电池的寿命，是广大蓄电池维修行业的理想配套设备。

3. 性能指标

（1）A 型、B 型检测系统

第 1 层可对 12 只 12V 蓄电池放电检测，放电电流 5A、7A、8.5A、10A 恒流任意设定，10.5V 报警，关闭报警开关仍可继续深放电。

（2）A 型：修复系统

第 2 层可对共 6 组蓄电池进行修复。

1）第 1 路修复电压 48V，修复脉冲电流 3A，可对 48V/24Ah 以下蓄电池进行修复；第 2 开关开时修复电流 6A，可以修复 100Ah 以内的电池。反接保险为 10A。

2）第 2、3、4、5 路修复电压 48V，修复脉冲电流 3A，可对 48V/24Ah 以上蓄电池进行修复。反接保险为 5A。

（3）B 型：修复系统

第 2 层可对共 6 组蓄电池进行修复。

1）第 1 路修复电压 48V，设两个开关，一个开关开时修复脉冲电流 3A，两个开关开时修复脉冲电流 6A。可对 48V/100Ah 以下蓄电池进行修复；此路可修复 48V、36V 蓄电池组。反接保险为 10A。

2）第 2、3、4、5 路修复电压 48V，修复脉冲电流 3A，可对 48V/24Ah 以上蓄电池进行修复。反接保险为 5A。

3）第 6 路修复电压 60V，修复脉冲电流 10A，可对 60V/200Ah 以下蓄电池进行修复。注意，此 2 路反接保险为 15A。另外，大蓄电池修复前必须加入适量修复剂。

（七）"绿盟"牌 LY-11 蓄电池放电仪

"绿盟"牌 LY-11 蓄电池放电仪外形如图 9-39 所示。

1. 技术参数

1）交流输入 220V×（1±10%）、50Hz。

2）整机工作效率≥95%。

3）冷却方式：对流风冷结构。

4）外形尺寸：600mm×450mm×400mm。

5）机箱交流保险管：220V/5A。

6）数码显示放电时间，显示清晰，精度高。

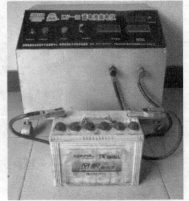

图 9-39　"绿盟"牌 LY-11
蓄电池放电仪外形

7）采用工业模块，带载能力强，性能稳定。

2. 适用范围

适用于电压 12V、24V、36V 的蓄电池进行放电检测，电压自动适应。放电电流 0～30A 无级可调。

3. 使用方法

插上 220V 电源，电源指示灯点亮，然后把放电电池接入红、黑接线柱，红线夹接电池正极，黑线夹接电池负极，注意正负极不可接错。打开放电开关，缓慢调节电流调节旋钮至需要的放电电流（例如 12V/20Ah 蓄电池选 10A）。计时表开始显示放电时间。12V 电池放至 10.5V 为止，其他电池以此类推。

放电结束后，应先关闭放电开关，再取下放电电池夹。最后拔掉交流电源线。

4. 注意事项

1）仪器不用时，请先关闭放电开关，再关闭电源开关，并拔下电源插头。使用时应严格按操作说明使用，严禁正负极接反。

2）本仪器为精密电子仪器，要放置在通风良好的地方使用。电池在检测过程中会放出热量，仪器的后面板要距离墙不少于 20cm。仪器侧面的散热孔不能被堵住，以免影响通风散热，造成仪器损坏。

（八）"绿盟"牌 16V 蓄电池容量检测仪

"绿盟"牌 16V 蓄电池容量检测仪外形如图 9-40 所示。

16V 专用 4 路蓄电池容量检测仪，放电电流 10A，数字计时，自动报警，可深放电到 0V。用于单块 16V 蓄电池容量检测、蓄电池筛选、蓄电池配组、蓄电池出厂及出售前质量检测，以便顾客购买及使用足够容量的蓄电池。

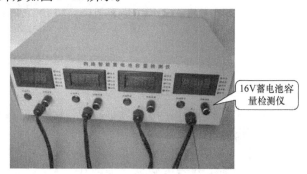

图 9-40　"绿盟"牌 16V 蓄电池容量检测仪外形

三、蓄电池修复技能全程指导

（一）电动自行车蓄电池修复技能

下面以 LY－8 蓄电池检测修复组合柜对一组天能 48V/12Ah 蓄电池修复为例说明修复技能。用户反映电动自行车冬天由于天冷没有骑车，也没进行充电，春天骑车时，插上充电器充电，蓄电池充不进电。

1. 修复前蓄电池检测

1）检测外观变形鼓包、漏液、极头损坏、电解液发黑的蓄电池应进行报废处理，不能修复。

2）用万用表检测单只蓄电池电压，蓄电池电压只有 2.3V。如果蓄电池电压正常，则用蓄电池容量表对蓄电池进行检测，如果有断格、短路的蓄电池，则应进行报废处理。万用表检测蓄电池电压如图 9-41 所示。用蓄电池容量表对蓄电池进行检测如图 9-42 所示。

2. 开盖

1）PVC 胶粘的蓄电池上盖板有两个小孔，这种蓄电池可以用小号一字螺丝刀打开，将一字螺丝刀顺着小孔平行推入上盖板，注意打开时不要损坏上盖，等上盖板分离后，取下上盖板。打开蓄电池上盖板，如图 9-43 所示。

图 9-41　万用表检测蓄电池电压

图 9-42　蓄电池容量表检测

2）打开上盖板后用镊子将安全阀和吸水棉取下，保存好，以备将来封口时使用，如图 9-44 所示。

3. 加水

用注射器加入补充电解液，加到从阀孔处能看到电解液即可。加水的作用是补充蓄电池内电解液的不足和防止修复时将蓄电池充坏。加入补充电解液如图 9-45 所示。

4. 初始容量检测和零放电

插上仪器的电源线，打开电源开

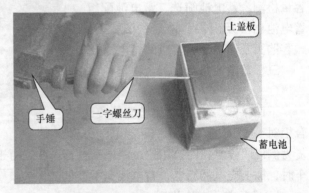

图 9-43　打开蓄电池上盖板

关，数字仪表显示"00.0V"说明仪器启动正常。将红色鳄鱼夹接蓄电池正极，黑色鳄鱼夹接蓄电池负极，连接正确后，仪器上数字电压表显示在线蓄电池电压，此时显示的为已连接蓄电池的空载电压。首先向上拨动打开报警方开关，然后转动电流选择开关，放电检测电流选为 5A，仪器开始放电检测，蓄电池电压开始下降，当放电到 10.5V（放电截止电压）时，报警器鸣响，用记号笔记录初始放电时间。这时向下拨动关闭报警方开关，仪器仍可继续放电，将蓄电池深放电到 2~3V 左右。蓄电池放电检测如图 9-46 所示。

图9-44　取下安全阀和吸水棉

图9-45　加入补充电解液

图9-46　蓄电池放电检测

知识扩展

零放电只是个理论概念，实际上蓄电池是不能放到0V的，因为蓄电池的化学特性，所以将蓄电池放电到3～5V左右即可，特别注意零放电只可进行一次。

蓄电池放电检测容量，国家标准为2小时率，即新蓄电池放电时间变为2h。蓄电池容量计算公式：放电时间（h）×放电电流（A）＝电池容量（Ah）。所以10Ah蓄电池应选择5A放电检测；14Ah蓄电池应选择7A放电检测；17Ah蓄电池应选择8.5A放电检测；20Ah蓄电池应选择10A放电检测。例如，蓄电池外壳标称容量为10Ah，放电电流设定为5A，放电1h，那么被检测的蓄电池容量为标称容量的50%。

5. 修复充电

将放电到3V的蓄电池立即从检查端取下，串联好后放入修复一层。将蓄电池按说明书的要求，分别夹入红、黑接线柱，打开修复开关，仪表上显示修复电流。修复时间为 10~12h，如图 9-47 所示。

6. 再次检测

修复充电时间到后，将蓄电池重新夹入检测放电端子，进行放电检测，到 10.5V 时报警器鸣响，停止检测，记录放电时间。4 只蓄电池放电基本都在 100min 左右，说明蓄电池容量已达 85%，可以使用。这次检测的目的一是与初始容量进行对比，二是为蓄电池配组提供依据。

7. 再次修复充电

将放电时间到后的蓄电池夹入修复端子，重新修复充电 10~12h。

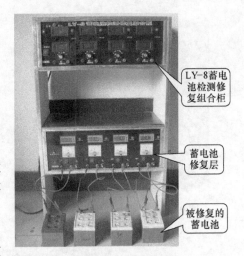

图 9-47　修复充电

8. 封口

修复时间到后，让蓄电池晾 1~2h，等蓄电池降温后，将蓄电池口向下，倒出多余的电解液，如图 9-48 所示。擦净上盖，将吸水棉和安全阀复原，如图 9-49 所示。用万用胶将上盖板封好，注意不要将上盖的排气槽堵塞，如图 9-50 所示。

图 9-48　倒出多余的电解液

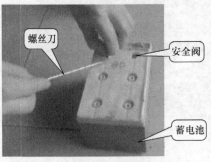

图 9-49　将吸水棉和安全阀复原

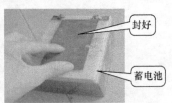

图 9-50　用万用胶将上盖板封好

9. 配组装车

等万能胶晾干后，将电压差不超过 0.1V，放电时间不超过 5min 的蓄电池串联成一组，装车。蓄电池串联如图 9-51 所示。

（二）大容量蓄电池的修复技能

下面以 LY-9 蓄电池检测修复组合柜为例加以说明。

1. 开盖加水

汽车类大容量蓄电池上盖的安全阀一般是螺旋式的阀帽，逆时针旋转即可取下阀帽，如图 9-52 所示。按说明的剂量加入蓄电池专用修复剂，如加入修复剂后电解液达不到刻度线，再加入被充电解液，如图 9-53 所示。

图 9-51　蓄电池串联

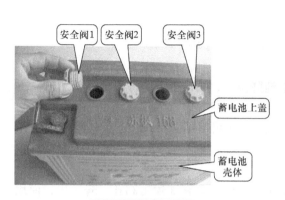

图 9-52　打开安全阀

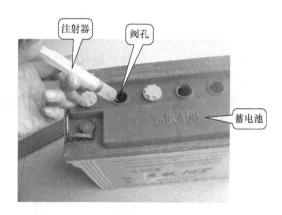

图 9-53　加液

2. 初始检测和深放电

加液满后，立即将蓄电池进行深放电。插上仪器的电源线，打开电源开关，数字仪表显示"00.0V"说明仪器启动正常。将红色鳄鱼夹接蓄电池正极，黑色鳄鱼夹接蓄电池负极，连接正确后，仪器上数字电压表显示在线蓄电池电压，此时显示的为已连接蓄电池的空载电压。首先向上拨动打开报警方开关，然后转动电流选择开关，放电检测电流选为 10A，仪器开始放电检测，蓄电池电压开始下降，当放电到 10.5V（放电截止电压）时，报警器鸣响，用记号笔记录初始放电时间。这时向下拨动关闭报警方开关，仪器仍可继续放电，将蓄电池深放电到 3V 左右，注意深放电只可进行一次。

3. 修复充电

1）将放电到 3V 的蓄电池立即从检查端取下，放入修复一层。将蓄电池按说明书的要求，分别夹入红、黑接线柱，打开修复开关。

2）时间设定。按时间表上的设定键 1 次为小时的十位数（10～90h 可选）设定，此时小时十位数闪烁，按启动键设定充电时间；按时间表上的设定键 2 次为小时的个位数设定，此时小时个位数（1～9h 可选）闪烁，按启动键设定充电时间；按时间表上的设定键 3 次为分钟的十位数（10～50min 可选）设定，此时分钟的十位数闪烁，按启动键设定充电时间；按时间表上的设定键 4 次为分钟的个位数（1～9min 可选）设定，此时分钟的个位数闪烁，按启动键设定充电时间；按时间表上的设定键 5 次为确认以上设定。

3）按启动开始工作，设定时间到后，自动断电。

4）观察电流表应有修复电流，修复时间 10～12h，修复过程中注入蓄电池的水一定要保持在富液状态。

修复充电如图 9-54 所示。

4. 再次检测

修复充电时间到后，将蓄电池重新夹入检测放电端子，进行放电检测，到 10.5V 时停止检测，记录放电时间。这次检测的目的一是与初始容量进行对比，二是为蓄电池配组提供

图 9-54　修复充电

依据。

5. 再次修复充电

将放电时间到后的蓄电池夹入修复端子，重新修复充电10~12h。

6. 封口

修复时间到后，让蓄电池晾1~2h，等蓄电池降温后，擦净上盖，将安全阀复原。

7. 配组装车

待万能胶晾干后，将电压差不超过0.1V，放电时间不超过5min的蓄电池配成一组装车。

特别提示：

1）充电过程中会冒泡，属正常现象，但要注意不要让电解液溢出阀孔，若溢出，使用吸管吸掉。

2）充电过程中，电解液可能出现发黑混浊，如发黑较轻且是个别孔，可用吸管吸掉，再补充上新的补充液；如果每个孔都发黑严重，则应停止充电，做报废处理。

3）充电过程中，蓄电池应有温升，用手摸有温感，应不烫手。

4）总结蓄电池的修复过程，可称为"两放两充"，所以商业维修需1~2天时间。

5）修复20Ah以上容量的蓄电池时建议先加入蓄电池修复剂，如电解液不足，再补充电解液。

6）铅酸蓄电池在充放电修复过程中，电解液中的水会因为电解和蒸发而逐渐减少，导致电解液液面下降。如果不及时补充，有可能缩短铅酸蓄电池的使用寿命，应及时补充蒸馏水或补充液，使电解液保持在饱满状态。

给铅酸蓄电池添加电解液或补水时注意以下几点：

1）电解液高度超过极板1.0~1.5mm即可。对有两条红线的，电解液不得超过上面的那条红线。电解液太满时会从铅酸蓄电池盖的小孔中溢出。因为电解液是导电的，一旦流到铅酸蓄电池的正负极之间，就会形成自放电回路。遇此情况时就应将电解液擦掉，或用水冲洗干净。

2）加电解液时若有东西不慎掉入，千万不能用金属物去捞，应用木棒夹出杂质。如用铁丝或铜丝去捞，金属分子会在硫酸的腐蚀下进入铅酸蓄电池内形成自放电，损坏铅酸蓄电池。

3）蓄电池电解液有腐蚀性，不要弄到眼中和身体上，请远离小孩和老人，如不慎接触，立即用清水冲洗。

四、蓄电池配组技术

蓄电池修复好后，要进行蓄电池组配组，否则达不到蓄电池修复的效果。蓄电池配组时所串联配组的蓄电池容量差越小越好，蓄电池组中最高容量与最低容量差不大于5%，并且容量分布合理、连续，避免忽高忽低。蓄电池开路端电压相差在±0.1V以内。

1. 蓄电池配组方法

配组前应预先充分检测蓄电池充放电曲线，经过两充两放电，曲线和容量完全相同的、充电后和放电后开路电压是一致的，这样的配成一组，在使用中它们的同步性肯定良好。放电同时达到终止，充电同时达到充满，都能充分发挥最大能量，到最后同时达到寿命终止期，可以看作最理想状态。

2. 配组时蓄电池的更换方法

1）以旧换旧：挑选一块旧的但并未报废的蓄电池与原组剩余两块蓄电池配组。测定它的容量、充电后和放电后的开路电压，与原组剩余两块蓄电池一致或接近（容量差异在5%以内，开路电压在 ±0.1V 以内）。配组后继续使用到蓄电池寿命终结。

2）以新换新：蓄电池组寿命期在龄期1/3 以内，甚至只用了很短时间，某块成为问题蓄电池，经鉴定无法使用时，应选择新蓄电池或刚刚用过的新蓄电池，按以上条件更换，但差异应缩小，容量差异在1% 内，电压相差在 0.5V 以内，差异越小，整组蓄电池寿命和充放电性能越好，也能保证电动自行车的续行里程。

3）用新蓄电池替换旧蓄电池是不科学、不经济的。新旧蓄电池永远不会同步工作，不仅特性相差很远，而且充放电终止电压也有区别，容量更是最大问题。同样用旧蓄电池替换新蓄电池也不可行。

上述方法叫作"同龄替换法"，即蓄电池不仅特性一致，且处于相同龄期，它们能更好地相配工作。

10

第十章

练会电动自行车典型故障检修技能

第一节　充电器、控制器典型故障检修实例

一、充电器插上交流电后不工作，红绿指示灯都不亮

1. 故障原因分析

充电器插上交流电后不工作，故障部位在交流电输入部分电路、整流滤波电路和开关电源启动电路。

2. 故障检修技能

1）将数字式万用表置于交流750V挡，检查测量交流220V插座有无电压，如果没有电压，则维修恢复交流电源，如图10-1所示。

2）打开充电器外壳，将万用表置于蜂鸣器挡，检查交流220V电源输入线是否断路，如图10-2所示，如果断路，则更换新线。更换交流线时无正负极，两条线分别焊在AC220V的N和L，如图10-3所示。

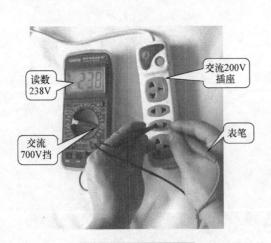

图10-1　检测交流插座

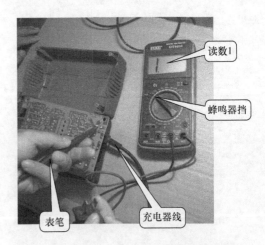

图10-2　用万用表蜂鸣器挡检测电源

3）如果电源线正常，则用万用表蜂鸣器挡检查充电器交流保险管，应为常通状态，否则说明保险管熔断，更换上同型号的保险管（36V充电器交流保险管为2A，48V充电器交流保险管为3A），如图10-4所示。

图 10-3　更换电源线

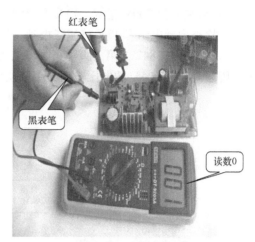

图 10-4　检查交流保险管

知识扩展

　　有些厂家生产的充电器，用细铜箔代替保险管，这样一方面为降低成本，另一方面减少工艺。如果铜箔烧断，可用铜软导线内的一根铜丝代替更换。

　　4）如果交流保险管正常，则用万用表二极管挡检查桥式整流的四个二极管是否损坏，正常情况下二极管应为单向导通，不导通时万用表读数为 1，如图 10-5 所示。导通时万用表读数为 369mV 左右（在路测量有误差），如图 10-6 所示。

　　5）如果桥式整流二极管正常，将充电器插上交流电源，并将万用表置于直流 1000V 挡，测定 300V 滤波电容两端电压应为直流 300V 左右，否则说明 300V 滤波电容有故障，应更换同型号电容，如图 10-7 所示。

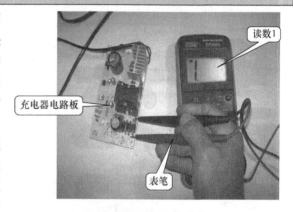

图 10-5　万用表读数为 1

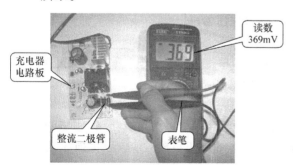

图 10-6　万用表读数为 369mV

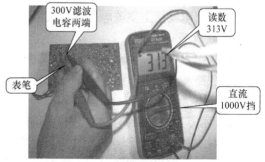

图 10-7　检测 300V 滤波电容

6）如果直流300V正常，检测UC3842的第7脚和第5脚之间是否有17V的供电电压，否则，检查启动电阻和17V整流二极管、滤波电容，如图10-8所示。

7）如果UC3842的第7脚和第5脚之间有17V的供电电压，则检测UC3842的第8脚和第5脚之间是否有5V的电压输出，否则说明UC3842损坏，应更换新件，如图10-9所示。

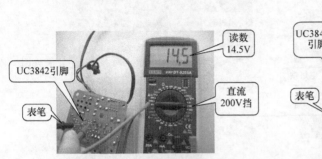

图10-8　检测UC3842的7脚17V供电

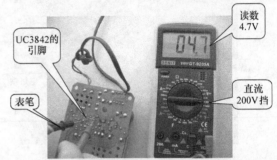

图10-9　检测UC3842的8脚5V输出

8）如果UC3842正常，则用万用表二极管挡检测开关管是否击穿或断路。如果损坏，则更换新件，如图10-10所示。

9）检查充电器指示灯是否焊接不牢或损坏，否则加焊或更换指示灯，如图10-11所示。

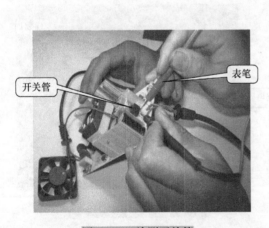

图10-10　检测开关管

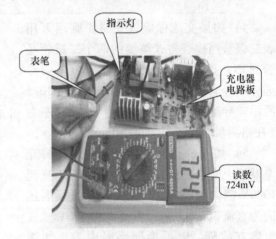

图10-11　检查指示灯

二、充电器插上交流电后，红绿指示灯亮，没有电压输出

1. 故障原因分析

红绿指示灯亮，说明充电器220V交流输入正常，开关电源已工作，重点检测开关变压器之后电路和直流输出线。检测充电器无输出电压如图10-12所示。

2. 故障检修技能

1）用万用表的蜂鸣器挡检查测量直流输出线是否断路，如果输出线断路，则应更换新线，特别注意更换直流输出线时要与整车上蓄电池充电插头正负极对应，以免损坏充电器。检查测量直流输出线如图10-13所示。

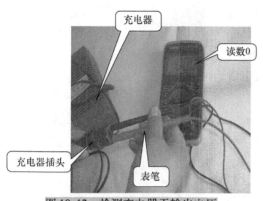

图 10-12　检测充电器无输出电压

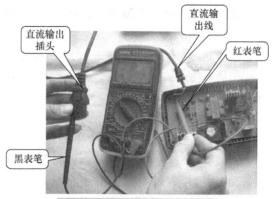

图 10-13　检查测量直流输出线

2）用万用表的蜂鸣器挡检查测量充电器内直流输出端保险管是否断路，如果断路，则应更换同型号（36V 充电器直流输出端保险管 3A，48V 直流输出端保险管 5A）保险管。检查直流输出端保险管如图 10-14 所示。

3）如果直流输出保险管正常，检测防反接二极管，如图 10-15 所示。

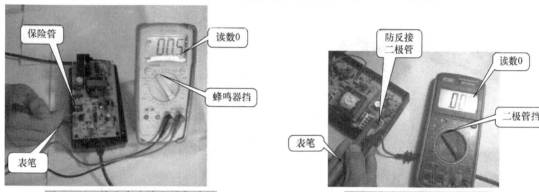

图 10-14　检查直流输出端保险管

图 10-15　检测防反接二极管

4）如果防反接二极管正常，则检查电流取样电阻（3W/0.1Ω）是否断路。如果断路，则更换同型号电阻，如图 10-16 所示。

5）如果电流取样电阻正常，将充电器插上交流 220V 电源，用万用表直流 200V 挡检测充电器的直流输出滤波电容两端是否有正常电压（36V 充电器 42V；48V 充电器 56V；60V 充电器 72V），如图 10-17 所示。如果无电压，则检查滤波电容是否损坏，检查滤波电容前整流二极管是否损坏。

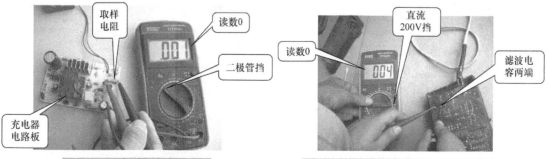

图 10-16　检测电流取样电阻

图 10-17　检测直流输出滤波电容两端电压

三、充电器插上交流电后，红绿灯有时亮有时不亮

1. 故障原因分析

故障原因可能是交流输入线接触不良，充电器内部元件引脚有虚焊或接触不良，重点检测 300V 滤波电容、开关管、开关变压器引脚。

2. 故障检修技能

1）检查充电器市电 220V 插头或插座是否接触不良，若接触不良则应重新插好，如图 10-18 所示。

2）用万用表蜂鸣器挡检查充电器的交流输入线是否断路或短路，若断路，则需更换交流输入线排除故障。

3）可以借助放大镜，检查充电器内部元器件的引脚是否有开焊或接触不良处，重点检查变压器引脚、300V 电容引脚等较大元器件。若开路，则需要重新焊接排除。检查开焊如图 10-19 所示。

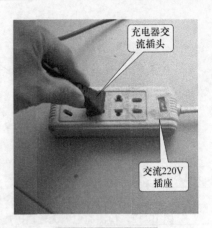

图 10-18　检查插座

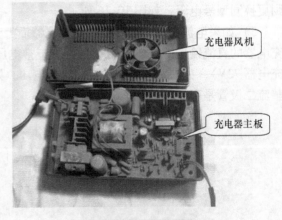

图 10-19　检查开焊处

四、充电器充电时工作正常，但充电器外壳过热

1. 故障原因分析

充电器充电时，工作在高电压和电流下，充电器发热量大，所以不要将充电器放在有热源或太阳下充电。

使用充电器充电时，充电器过热，可能是充电器内风机不转或转速低。

2. 故障检修技能

1）打开充电器外壳，将充电器插上蓄电池充电试机，发现充电指示灯显示红灯充电，观察充电器内风机不转，用手转动风机试验，风机转动困难。检查风机如图 10-20 所示。

图 10-20　检查风机

知识扩展

维修时注意，36V 充电器内没有散热风机，48V 以上的充电器内部都装有散热风机，在空载和蓄电池充满电转绿灯时，风机不转，只有在充电指示红灯亮时风机才转动。

2）检查电路板是否有虚焊或烧坏的地方。重点检查风机，发现风机上灰尘较大，用毛刷和洗耳球对风机和电路板进行清洁，如图 10-21 所示。

3）将充电器插上交流电，用万用表的直流 20V 挡检查风机的 12V 供电正常，如图 10-22所示。

图 10-21 清洁风机和电路板

图 10-22 检查风机的 12V 供电

4）揭下风机上的标签，检查风机的电动机轴阻塞，将润滑油加入电动机轴，封好标签，试机，风机转动正常，如图 10-23 所示。

五、充电器刚插上充电时指示灯就转绿灯，充不进电

1. 故障原因分析

充电器充电时不转绿灯，可能是充电器有故障、蓄电池充电插头有故障、蓄电池内连线和保险管有故障。

2. 故障检修技能

1）将充电器插上交流电，测量输出端

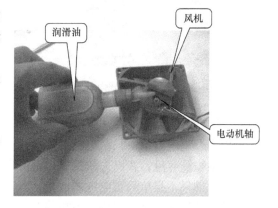

图 10-23 将润滑油加入电动机轴

子，应有直流电压输出，36V 充电器为 42V 左右；48V 充电器为 56V 左右；60V 充电器为 72V 左右。否则，说明充电器损坏，应更换或维修。测量充电器输出电压如图 10-24 所示。

2）检查充电器直流插头与蓄电池插头是否插好或损坏，如果没插好，则应重新插好；如果损坏，则应更换新件，更换插头时注意不要将正负极短路，也不要将正负极搞错。检查蓄电池插头和插座如图 10-25 所示。

3）用万用表蜂鸣器挡检查蓄电盒上保险管是否熔断，如熔断，则更换相同型号的保险管（蓄电池盒保险管 36V 车为 20A，48V 车为 30A）。检查蓄电池盒上保险管如图 10-26 所示。

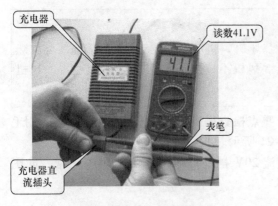

图 10-24　测量充电器输出电压

图 10-25　检查蓄电池插头和插座

4）检查蓄电池连接线是否断路或腐蚀，重新进行焊接，如图 10-27 所示。

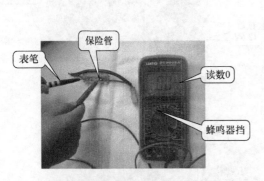

图 10-26　检查蓄电池盒上保险管

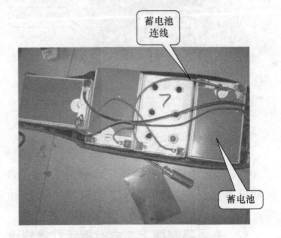

图 10-27　检查蓄电池连线

5）检查蓄电池组内某只蓄电池是否开路，分别用万用表测量每只蓄电池电压，用蓄电池容量表测容量，找出失效的蓄电池并进行更换。如果不是单只蓄电池的故障，就是整组蓄电池硫化严重，应修复或更换整组蓄电池，如图 10-28 所示。

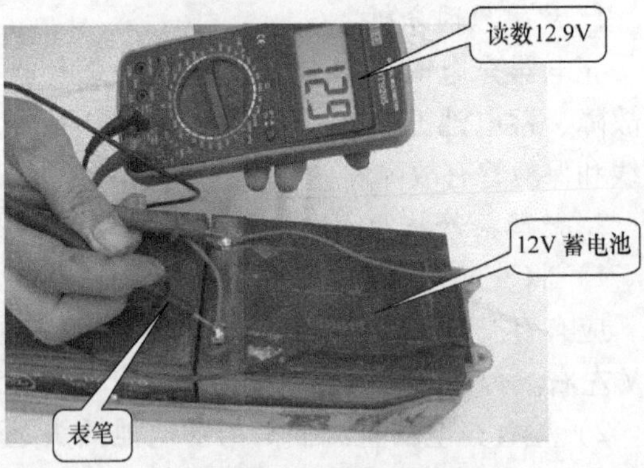

六、充电器充电 10h 仍不转绿灯

1. 故障原因分析

新蓄电池放电到欠电压状态时，用充电器充电 6~8h，如果是旧蓄电池充电时间会减短，如果充电 10h 仍不转绿灯，则可能是充电器有故障或蓄电池失水严重。

图 10-28　检查蓄电池

2. 故障检修技能

1）将充电器插上交流电，观察充电器的指示灯，如果充电指示灯为绿色，则说明充电器正常，如图 10-29 所示。

2）如果充电器正常，则此故障大多是蓄电池使用一年后，失水严重，打开蓄电池上盖，对蓄电池进行补水，如图 10-30 所示。

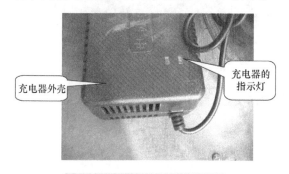

图 10-29 观察充电器的指示灯

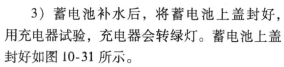

图 10-30 对蓄电池进行补水

3）蓄电池补水后，将蓄电池上盖封好，用充电器试验，充电器会转绿灯。蓄电池上盖封好如图 10-31 所示。

七、用户借用充电器充电时充电器正负极不一样而被烧坏

1. 故障原因分析

充电器直流输出的正负极性不统一，不能随便借用。需要使用时，需测量正负极性，保证其一样时才能使用。

2. 故障检修过程

如果正负极不一样，而致使充电器烧坏，则需打开充电器检修。

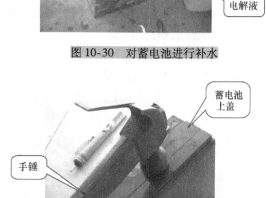

图 10-31 蓄电池上盖封好

1）用万用表蜂鸣器挡检查直流输出端保险管是否损坏，如果损坏，则应更换同型号新件。检查直流输出保险管如图 10-32 所示。

2）如果充电器上没有直流输出保险管，则用万用表的电阻挡检查 3W/0.1Ω 电流取样电阻是否烧坏，如果烧坏，则用同型号的更换，如图 10-33 所示。

图 10-32 检查直流输出保险管

图 10-33 检查电流取样电阻

3）用万用表的二极管挡检查充电器的直流防反接二极管是否损坏，如果万用表读数为0，则说明二极管击穿短路，应用同型号的更换。检查防反接二极管如图10-34所示。

图10-34　检查防反接二极管

4）检查充电器直流输出部分电路板上的铜箔是否烧断，原因是蓄电池正负极反接后电流较大，会造成铜箔损坏。对于铜箔损坏，通常的处理方法是将导线焊接在断路的铜箔上，代替铜箔。

八、有刷电动自行车飞车不受控检修实例

实例1：红旗36V/250W有刷电动自行车飞车

故障检修过程：

1）打开前车罩，拔开转把3芯插件，观察发现电动机不高速旋转了，说明故障原因是转把损坏造成飞车。拔开转把3芯插件如图10-35所示。

2）用内六方扳手取下旧转把，安装好新转把，将转把的红、黑、绿线分别接好并用绝缘胶带封好，试车正常。安装好新转把如图10-36所示。

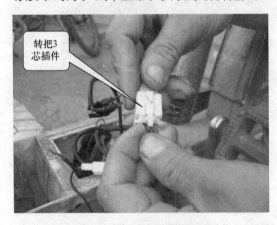

图10-35　拔开转把3芯插件

图10-36　安装好新转把

实例2：48V/500W有刷电动三轮车飞车

故障检修过程：

1）找到转把连线，断开转把3根引线，观察发现电动机仍高速旋转，说明故障原因不是转把造成的，可能是控制器烧坏。

2）用48V/500W相同型号的控制器代换，试车正常，如图10-37所示。

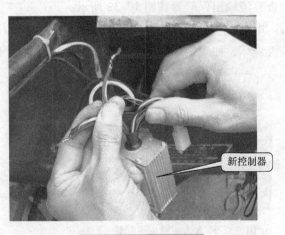

图10-37　更换新控制器

知识扩展

控制器烧坏造成的飞车，大多是控制器内 MOS 管击穿短路所致，可以打开控制器对 MOS 管进行检测更换。

MOS 管是金属 – 氧化物 – 半导体场效应管的英文缩写，又称功率管。它是一种利用场效应原理工作的半导体器件，属于单极型电压控制器件。场效应管也有三个极：栅极 G（对应双极型三极管的 b 极）、漏极 D（对应双极型三极管的 c 极）、源极 S（对应双极型三极管的 e 极）。由于 MOS 管是大电流开关型器件，在控制器内部，MOS 管能常安装固定在控制器的铝外壳上，以利于散热。MOS 管常见场效应管有 IRF630A、50N60、75N75 等。MOS 管外形如图 10-38 所示。

图 10-38　MOS 管外形

 MOS 管损坏会造成有刷电动自行车飞车或电动机不转等故障。MOS 管的检测：用万用表的二极管挡测量 MOS 管各脚之间的正反向电阻，如果为 0Ω，则说明击穿损坏，应更换同型号新件。MOS 管的检测方法如图 10-39 所示。

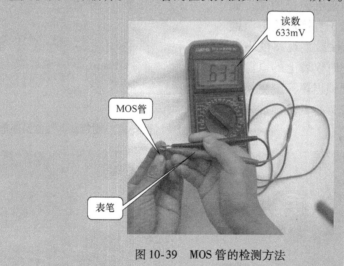

图 10-39　MOS 管的检测方法

第二节　整车和电动机典型故障检修实例

一、整车没电，表盘无电量显示的检修实例

1）用万用表直流 200V 电压挡测量蓄电池盒充电插座是否有电压，如图 10-40 所示。如果没有电压，则说明蓄电池盒内有故障。

2）检查蓄电池盒插头是否插好或损坏，如图 10-41 所示，然后测量蓄电池盒插座是否有与蓄电池组相对应的电压，如图 10-42 所示。

图 10-40 测量蓄电池充电插座

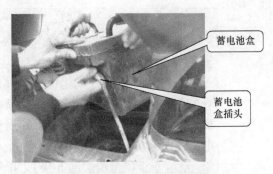

图 10-41 检查蓄电池盒插头

3）如果蓄电池盒插头无电压，则打开蓄电池盒检查，重点检查蓄电池连线和保险管是否断路，如图 10-43 所示。如果连线断路或氧化，则重新连接；如果保险管断路，则更换新保险管。

4）如果蓄电池盒插头有电压，则打开前车罩，首先检查电源锁插件，如果插件正常，则用镊子直接短接电源锁的红、黄引线（或绿线），观察仪表上的电源指示，如果此时仪表上的电源显示正常，则说明电源锁损坏，应更换同型号的电源锁。检查 2 芯电源锁插件如图 10-44 所示。

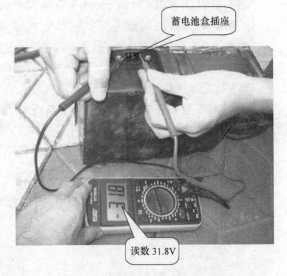

图 10-42 测量蓄电池盒插座电压

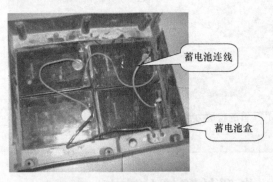

图 10-43 检查蓄电池连线和保险管

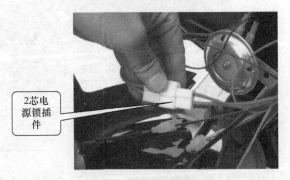

图 10-44 检查电源锁插件

知识扩展

　　如果是简易型车，还要检查蓄电池盒下面两触点是否有故障，触点是否损坏或氧化。如有接触不良，则用砂布打磨或更换接触点。如果是豪华型车，则重点检查蓄电池盒插头是否有故障。

二、表盘有电源显示，电动车不能启动检修实例

实例1：某只蓄电池断格

故障现象：某电动车骑行中突然电动机不转，但仪表上有电量显示。

1) 打开电源锁，观察仪表上有电量显示，转动转把试车，电动机不转，观察仪表上电量显示指针下降较快，怀疑蓄电池有故障，如图10-45所示。

2) 用万用表直流电压挡测量蓄电池充电插座电压，若电压值低于额定值，则说明蓄电池有故障，如图10-46所示。

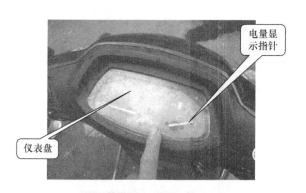

图10-45 观察仪表上有电量显示

图10-46 测量蓄电池充电插座电压

知识扩展

36V车电压值应在31.5~41V之间；48V车电压值应在42~53V之间；60V车电压值应在63~70V之间。

另外，此种故障也可用以下方法：首先支起大支撑，打开电源锁，测量蓄电池充电插头的空载电压，然后转动转把，测量蓄电池充电插头的负载电压，如果万用表显示电压猛然下降很多伏，则说明蓄电池有故障。

3) 打开蓄电池盒，用万用表和蓄电池表对单只蓄电池进行检测，发现有一只蓄电池断格（电压值低于单只蓄电池额定值10.5V），如图10-47所示。另找一只容量相同的蓄电池更换，试车正常。

图10-47 检测蓄电池

实例2：刹把、转把故障

1）对于供电正常，车不转的故障，首先要断开左右刹把的两条引线，转动转把试车，如果电动机旋转，则说明刹把有故障，应更换新刹把。断开刹把引线如图10-48所示。

2）如果断开刹把引线后，电动机仍不转，则检修转把。打开电源锁，用镊子直接短接转把的红色5V线和绿色信号线，如果电动机高速旋转，则说明转把损坏，应更换新转把。更换新转把如图10-49所示。

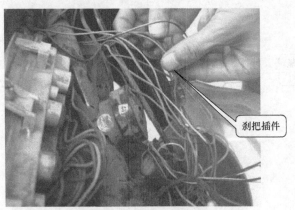

图 10-48   断开刹把引线

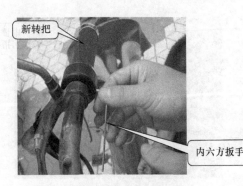

图 10-49   更换新转把

实例3：控制器烧坏

1）如果是有刷电动自行车，短接转把信号线后，电动机仍不转，若是有刷控制器，可判断控制器损坏，可用测控制器输出电压的方法确定。打开电源锁，转动转把，用万用表的直流200V挡测量控制器的输出线，应有0~40V左右（36V车）的电压，否则说明控制器损坏，应更换新件。测量控制器的输出电压如图10-50所示。

2）如果是无刷电动自行车，则还需进一步检测。首先检测转把电压，用万用表直流电压挡测量转把5V电压是否正常，如图10-51所示。如果没有5V电压，则说明控制器5V输出损坏，应更换新控制器。

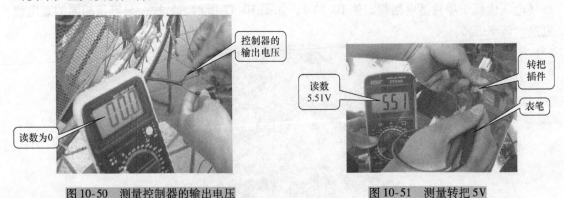

图 10-50   测量控制器的输出电压

图 10-51   测量转把5V

3）如果有5V电压，则转动转把测量转把信号线是否有1~4.2V左右电压，如果电压变化，则说明转把损坏，应更换新转把，如图10-52所示。

4）检测转把正常后，若电动机仍不转，则检测霍尔元件好坏。打开电源锁，用万用表的电压挡测量霍尔元件的5V供电，如图10-53所示。如果正常，则用手慢慢转动电动机，测量霍尔元件的蓝、绿、黄信号与地线之间应有0～5V的电压变化，如图10-54所示。否则说明霍尔元件损坏，造成控制器无输出，应更换电动机霍尔元件。

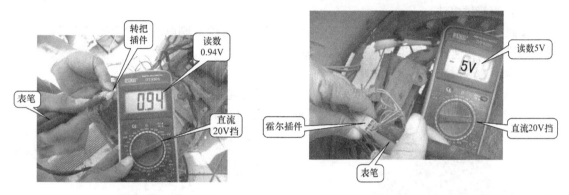

图 10-52　测量转把信号线电压　　　　　图 10-53　测量霍尔元件的 5V 供电

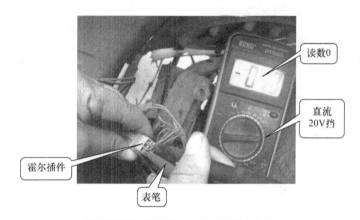

图 10-54　测量霍尔元件开关信号电压

5）如果霍尔元件正常，则转动转把，用万用表交流750V电压挡测量无刷控制器输出的三根电动机相线（粗蓝、粗绿、粗黄）的任意两根相线是否有0～40V（48V无刷电动自行车）交流电压，如图10-55所示。如果控制器无输出，则说明控制器坏，应更换同型号新控制器。

图 10-55　测量无刷控制器输出无电压

三、某有刷电动自行车电动机转速低、时转时停检修实例

1. 故障现象描述

打开电源锁试车，仪表上电源显示电量充足，电动机转速低，负载后电动机不转。询问用户，电动自行车骑行多年，刚换过新蓄电池不久，但电动机从没有打开维修过。

2. 故障判断技巧

（1）测电压法

测量控制器的输出电压 0～41V（36V车）正常，说明电动机有故障，应打开电动机检查。

（2）直接供电法

按照电动机的额定供电电压，将蓄电池串联后，直接给有刷电动机的两条引线供电，如果电动机仍然转速低，则说明电动机有故障。

3. 故障检修过程

1）拔下控制器与电动机的两条引线，从车上卸下电动机，如图10-56所示。

2）打开电动机，检查发现电刷磨损严重（正常的电刷有2cm长），如图10-57所示。

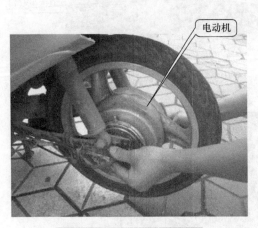

图10-56　从车上卸下电动机

图10-57　检查电刷磨损严重

3）取下旧电刷，将新电刷装入刷架，用螺丝刀固定好电刷接线柱，如图10-58所示。安装好的电刷如图10-59所示。

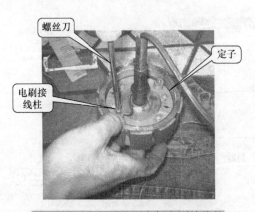

图10-58　用螺丝刀固定好电刷接线柱

图10-59　安装好的电刷

4）安装电动机前，用毛刷清洁电动机内碳粉，用砂布对换向器表面进行打磨，并清洁，如图10-60所示。

5）将定子装入转子，安装好端盖，装车试车，电动车旋转正常，如图10-61所示。

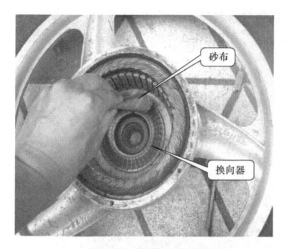

图 10-60　清洁换向器

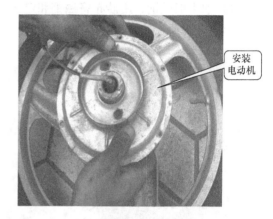

图 10-61　安装电动机

特别提醒

　　有刷电动机安装时要先将电刷铜辫拧绕，使电刷进入刷凹内，以免安装电动机时损坏电刷。安装好定子后，不要忘记把电刷铜辫松开这一步骤，否则会造成电动机不转。

四、某有刷电动自行车电动机旋转时有电磁怪声，电动机阻力大检修实例

1. 故障现象描述

用户反映，电动自行车骑行时，有电磁怪声，车速低。

2. 故障判断技巧

用手转动电动机检查转动情况，发现电动机转动到某个角度时，阻力大，转到另一个角度时，阻力小，判断电动机轴承有故障或磁钢脱落。

3. 故障检修过程

1）打开电动机，检查发现电动机轴承损坏，如图 10-62 所示。

2）取下旧轴承，观察轴承型号为 6001，用同型号的轴承更换，如图 10-63 所示。

图 10-62　检查电动机轴承

图 10-63　更换新轴承

3）轴承更换好后，进一步检查发现有一块磁钢脱落移位，如图 10-64 所示。

4）取下旧磁钢，用砂布将磁钢和定子打磨干净，如图 10-65 所示。用 AB 胶粘牢磁钢，如图 10-66 所示。

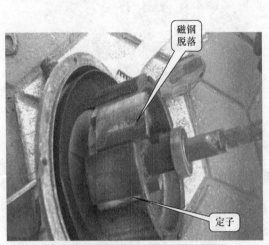

图 10-64 检查发现有一块磁钢脱落

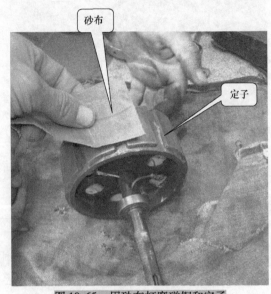

图 10-65 用砂布打磨磁钢和定子

5）检查电动机无其他故障后，将电动机复原装车，如图 10-67 所示。

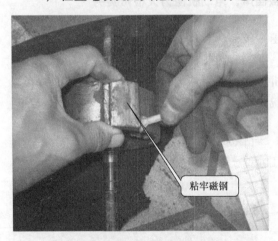

图 10-66 粘牢磁钢

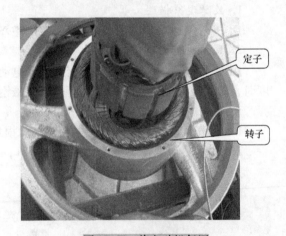

图 10-67 将电动机复原

五、某无刷电动机进水后不能起动检修实例

1. 故障现象描述

用户反映，雨天骑行电动车后，电动机不能起动。

2. 故障判断技巧

电动机进水可能会造成以下故障：

1）电动机霍尔元件短路损坏。

2）电动机磁钢脱落。

3）电动机轴承生锈损坏。

4）电动机线圈漆包线氧化生锈，造成电动机线圈短路。

故障判断技巧如下：

1）用手转动电动机试验，电动机阻力大，说明电动机有故障。

2）打开电源锁，检查电动机霍尔元件 5V 供电正常，检测霍尔元件的信号线无开关信号，说明电动机有故障。

3. 故障检修过程

1）断开电动机与控制器的 8 根引线，记录原电动机与控制器引线的对应颜色，从车上卸下电动机，如图 10-68 所示。

2）打开电动机，首先对电动机进行烘干去潮处理，用吹风机吹干或放在太阳下自然风干，如图 10-69 所示。

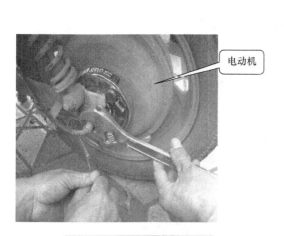

图 10-68 从车上卸下电动机

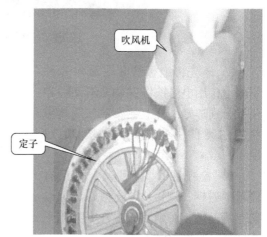

图 10-69 用吹风机吹干电动机

3）等电动机干燥后，检查电动机轴承是否损坏，如果损坏，则用同型号的更换，如图 10-70 所示。

4）更换霍尔元件。首先记录原霍尔元件红线的位置，以便复原时能按照原位置安装，然后用斜口钳剪断霍尔元件的连线，使用小螺丝刀从定子上取下 3 个旧霍尔元件，如图 10-71 所示。将新霍尔元件按原位置放在定子槽内，用 AB 胶粘好，如图 10-72 所示。

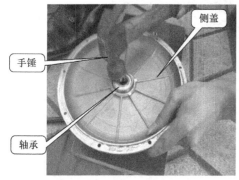

图 10-70 更换电动机轴承

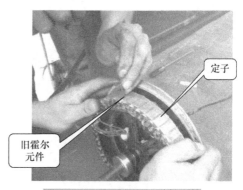

图 10-71 取下 3 个旧霍尔元件

图 10-72　用 AB 胶粘好新霍尔元件

5）事先将绝缘管套在霍尔元件引线上，用电烙铁将 3 个霍尔元件和引线分别焊好，管上绝缘管，用扎带将霍尔元件引线扎好，如图 10-73所示。

6）检查磁钢是否脱落，如果有脱落的磁钢，则用 AB 胶粘好。如果磁钢表面氧化，则用砂布打磨并用干布清洁，如图 10-74 所示。

7）检查电动机线圈没有断路的漆包线后，将电动机装好，试车正常，如图 10-75 所示。

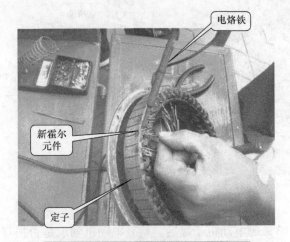

图 10-73　用电烙铁将霍尔元件引线焊好

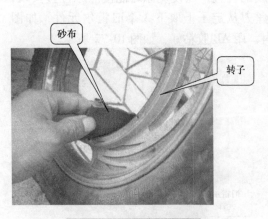

图 10-74　用砂布打磨磁钢

图 10-75　将电动机装车

附　　录

附录 A　万用表常用字母与符号含义

万用表常用字母与符号含义如表 A-1 所示。

表 A-1　万用表常用字母与符号含义

符号与字母	含义
V	电压值刻度
A	电流值刻度
Ω	欧姆值刻度
DC 或—	直流电压测量
AC 或~	交流电压测量
20000Ω/V –	直流电压挡灵敏度值
5000Ω/V ~	交流电压挡灵敏度值
—2.5	直流电压挡准确度值（±2.5%）
~4.0	交流电压挡准确度值（±4.0%）
3kV	电表的绝缘等级值
+，—	测量表笔的正、负极性

附录 B　正常情况下无刷控制器各接口的工作状态及参考数据

正常情况下无刷控制器各接口的工作状态及参考数据如表 B-1 所示。

表 B-1　正常情况下无刷控制器各接口的工作状态及参考数据

类别	接口名称	状态	说明
控制器电源	电源 48V	42 ~ 55V	蓄电池"+"端的电压，使用过程中，电压会随着电量的多少而变化，电压只有在 42 ~ 55V 这个范围里控制器才可以正常工作，42V 是控制器的欠电压点，低于该点控制器不工作。55V 是充满电后的电压，过高的电压也会引起控制器的损坏
	电源 5V	5V ± 0.5V	仅用来给调速转把、位置传感器等霍尔元件小电流供电。不可给外部其他元件供电；不可对地短路
	地线	0V	蓄电池的"–"端，是测量电压的参考点，与控制器相关的电路都是同一根地线

（续）

类别	接口名称	状态	说明
控制信号	刹车信号	5V 或 0V	低电平刹车，5V 表示刹车不起作用，0V 表示刹车起作用
	调速信号	0～4.2V±0.5V	在这个范围里调速起作用，电压的大小和速度的快慢成正比
	转矩信号	$\Delta U \geqslant 0.4V$	ΔU＝踩到底时的电压－初始的电压，即为脚踩转矩感应信号，脚踩力越大，压差也越大（仅智能型有）
位置传感器信号	A 相位置信号	0V 或 5V	三相位置信号的理论波形和相对关系可以使用示波器观察。也可用万用表测量，打开电源锁，用手慢慢转动电动机，用直流电压挡测量信号线对地线的电压应为 0～5V 变化
	B 相位置信号		
	C 相位置信号		
电动机驱动输出	电动机 A 相	0～38V 左右交流电压	在调速信号为最高时，它们的理论波形可以使用示波器观察。在调速信号不为最高时波形上会带有斩波
	电动机 B 相		
	电动机 C 相		

附录 C 蓄电池电解液知识

1. 蓄电池电解液

蓄电池电解液常见有两种：一种是原液，即新电池所加电解液，硫酸密度（浓度）为 1.28g/L（即每升蒸馏水中含有 1.28g 的硫酸）；另一种为补充电解液，即旧电池所加电解液，硫酸密度（浓度）为 1.03g/L（即每升蒸馏水中含有 1.03g 的硫酸）。

修复的蓄电池一般为旧蓄电池，所以要加入补充电解液，如果加入原液，则容易使电池极板损坏。

2. 修复蓄电池所加的液体

修复蓄电池时所加电解液有两种：一种是补充电解液；另一种是纯水。两种均可使用。

纯水有蒸馏水和去离子水两种，修复时均可使用。蒸馏水是把原水煮沸后令其蒸发冷凝回收而成。去离子水是指除去了呈离子形式杂质后的纯水，主要指采用离子交换树脂处理方法制成。在半导体行业中，去离子水被称为"超纯水"或"18 兆欧水"。

3. 蓄电池电解液配制

蓄电池电解液是用浓硫酸和纯净水配制而成。

配制时一定要小心，硫酸是强氧化剂，它与水有亲和作用，溶于水时放出大量的热量，因此操作人员要戴上护目镜、耐酸手套，穿胶鞋或靴子，围好橡皮围裙。越专业越安全。

配制前，要将容器清洗干净，为防酸液溅到皮肤上，先准备好 5% 氢氧化铵或碳酸钠溶液，以及一些清水，以防万一溅上酸液时，可迅速用所述的溶液擦洗，再用清水冲洗。

选择电解液浓度时，还要考虑蓄电池的工作环境温度。工作在寒冷温度下，电解液浓度应高一点，在炎热的气温下，电解液浓度可低一点。

一般情况下，在 25℃ （电解液温度）时原液密度为 1.28g/L，补充电解液密度为 1.03g/L。

配制时，先估算好浓硫酸和水的需要量，把水先倒入容器内，然后将浓硫酸缓缓倒入水中，并不断搅拌溶液。

刚配制的溶液温度很高，不可立即注入蓄电池内，要等温度降到 40℃以下，再测量溶液浓度并调整到标准值，再加入蓄电池内。

> **特别提醒**
>
> 蓄电池修复时，补充电解液和纯水在全国各地汽车蓄电池经销处和化工、医药店均可买到，售价较低，请不要冒险配制！

附录 D　蓄电池修复步骤及经营方法

1. 蓄电池修复步骤（两充两放）

（1）开口

先用小型一字平口螺丝刀打开蓄电池上盖，去掉安全帽、填充物，按要求加入"蓄电池修复剂"，如不满，则再加入"蓄电池补充电解液"，加到从液孔能看到液体为止。

（2）深放电

把加好液的单只蓄电池夹入放电检测端，进行深放电，把电池电压放到 0V（一般放到 2V 即可）。注意：深放电只可进行一次。

（3）上机修复

按各型仪器中说明书要求将蓄电池夹入修复端子，打开修复开关，观察应有修复电流。如无电流，则测量充电端子应有电压，若无电压，则可能是反接保险管损坏，应更换；如有电压，则可能外部充电线没夹好或线断。

修复时间计算：修复时间＝所修复蓄电池的容量÷修复电流×1.3

（4）放电检测

把单只蓄电池夹入仪器放电检测端，放电到 10.5V，记录时间，并进行配组。

（5）再次上机修复

再次把蓄电池夹入修复端子充满电，充电时间与第一次一样。

（6）封口

刚充满电的蓄电池晾 1～2h，把电池翻转，倒出多余电解液，清洁上盖，用万能胶封口，待胶干后配组装车。

2. 蓄电池修复经营方法

（1）蓄电池修复收费标准

10Ah 电池收费为 10～20 元；20Ah 电池收费为 20～30 元。

电池修复成本极低，一只蓄电池如果单加补充液或纯水，成本为 1 元左右（电动自行车电池只加补充液效果也可）。如果加入专用修复剂，则成本大约在 3 元以下（加入专用修复剂效果较好）。

（2）蓄电池修复后的保修及保修时间

蓄电池修复后的保修时间应根据当地情况及市场而定，一般为 3、6、8 个月不等。收费越高，保修时间越长。

修复后的蓄电池用户在使用中，难免会出现骑行里程下降等情况（由于本身是旧蓄电池，新蓄电池有时也会出现故障），这时检测蓄电池一般为个别蓄电池损坏所致，对其进行更换，重新配组即可。

如有个别用户对行驶里程不满意，则可更换新蓄电池。把用户所交蓄电池修复费用减半，另一半加入所换新蓄电池费用中，这样即可实现双赢：用户满意，更换新蓄电池又有收入，旧蓄电池还可再利用。

附录 E 蓄电池修复电流与修复时间对照表

蓄电池修复电流与修复时间对照表如表 E-1 所示。

表 E-1 蓄电池修复电流与修复时间对照表

电池容量/Ah	修复电流/A	时间/h
10/12/14	约 2	约 10/14
17/20	约 3	约 10/12
36	约 6	约 8
40	约 6	约 9
60	约 6	约 13
80	约 6	约 18
100	约 10	约 13
120	约 12	约 13
150	约 15	约 13
200	约 20	约 13

附录 F 常用的二极管参数

常用的二极管参数如表 F-1 所示。

表 F-1 常用的二极管参数

型号		耐压/V	电流/A
1N4148	开关二极管	100	0.2
1N4007	普通整流管	1000	1
1N4701	普通整流管	50	1
1N4704	普通整流管	400	1
1N5399	普通整流管	1000	1.5
1N5400	普通整流管	50	3
1N5404	普通整流管	400	3
1N5407	普通整流管	800	3
TVR4N	普通整流管	800	1.2
6A4	普通整流管	400	6
6A05	普通整流管	50	6
6A10	普通整流管	1000	6
FR107	快恢复二极管	1000	1
FR151	快恢复二极管	50	1.5
FR157	快恢复二极管	1000	1.5

附录 G　控制器常见的 MOS 管

控制器常见的 MOS 管如表 G-1 所示。

表 G-1　控制器常见的 MOS 管

型号	耐压 V_{ds}/V	电流 I_D/A	导通电阻 $R_{DS(on)}$/mΩ	功率/W
RFP70N06	60	70	$R_{ON} < 14$（70A）	150
HPF3205	55	110	$R_{ON} < 80$（59A）	200
IRF3710	100	57	23	200
IRF150	100	40	$R_{ON} = 55$	
IRFZ44N	55	49	$R_{ON} < 22$（25A）	110
FQP70N10	100	57	$R_{ON} < 19$	160
SSH70N10A	100	70	$R_{ON} < 23$	300
FQA140N10	100	140	$R_{ON} < 10$	375
FQA70N10	100	70	$R_{ON} < 23$	214
FQA160N8	80	160	$R_{ON} < 7$	375
FQP65N06	60	65	$R_{ON} < 16$	150
FQP70N08	80	70	$R_{ON} < 17$	155
2SK2551	50	50	11（25A）	150
2SK2313	60	60	11（30A）	150
2SK2267	60	60	11（30A）	150
2SK2690 – 01	60	80	10	125
2SK2554	60	75	6（40A）	150
2SK1836	450	50	$R_{ON} < 100$（25A）	250
2SK2753 – 01	120	50	$R_{ON} < 32$	150
2SK2883 – R	120	50	$R_{ON} < 45$	100
IRFP2610	200	46	$R_{ON} < 55$（28A）	280
FS70SMJ	150	70	7 ~ 17	
IRF2807	75	82	13	230
IRFP2907	75	209	4.5	470
P75NF75	75	80	$R_{ON} < 11$	300
LXTK250N10	100	250	$R_{ON} < 5$	
STW80N06	60	80	$R_{ON} < 8.5$	150
IRF4905	55	74	$R_{ON} < 2$	200

附录H 电动自行车常用集成电路简介

1. UC3842 开关电源脉宽调制器

UC3842 是美国摩托罗拉公司专门为开关电源生产的开关电源振荡和电流控制集成电路。UC3842 是单端输出电路，它是一种高性能的固定频率电流型控制器电路，能很好地用在隔离式单端开关电源以及直流转直流电源变换器设计中，它最大的优点是外接元件少，外围电路简单，成本低廉。

UC3842 常用于 20 ~ 80W 的小功率开关电源，工作频率可达 500kHz，启动电流小于 1mA，最高供电电压为 30V，最大输出电流为 1A，可直接驱动大功率双极型开关管或场效应管。UC3842 在近几年生产的电器中应用较广。与 UC3842 功能相同的有 UC2842A/2843A、UC3842A/3843A、UC3842B/3843B、UC3842B/2841B、UC3844/3845、UC2844B/2845B、UC3844B/3845B，这些芯片各项参数基本相同。同等欠电压锁定值的可以相互代换，低压锁定值的也可以直接代换高欠电压锁定值的芯片，UC3842 可以用 KA3842 直接代换。

2. 安森美公司的无刷控制器专用芯片 MC33033 和 MC33035

安森美公司的无刷控制器专用芯片有 MC33033（⑳脚）和 MC33035（㉔脚），MC33033 是 MC33035 的简化型，是目前市场上无刷控制器的常用芯片。

MC33035 是美国安森美公司开发的高性能第二代单片无刷直流电动机控制器专用芯片。

MC33035 无刷直流电动机控制器采用双极性模拟工艺制造，可在任何恶劣的工业环境条件下保证高品质和高稳定性。

MC33035 也可以用来控制直流有刷型电动机。它在有刷控制器中只利用了一相，但充分利用了该集成电路的成熟技术，有外接元件数量少等优点，因此也有很多厂家在有刷控制器中采用。

MC33033 和 MC33035 引脚功能如表 H-1 所示。

表 H-1 MC33033 和 MC33035 引脚功能

功能	引脚号	
	MC33033	MC33035
基准电压 6.25V	7	8
VCC	14	17
GND	13	16
相角调整	18	22
传感器输入	4、5、6	4、5、6
上管驱动	2、1、20	2、1、24
下管驱动	17、16、15	21、20、19

3. IR 公司的 IR21×× 系列（IR2103、IR2110、IR2113、IR2181、IR21884）

IR 公司的 IR2103 是一款驱动无刷控制器中 NMOS 功率管的专用芯片，它的作用是将来自单片机或无刷电动机专用芯片的控制信号转换为驱动电压，内部有防桥短路保护电路，驱动能力比较强，可以驱动 NMOS 功率管。IR21×× 系列引脚功能如表 H-2 所示。

表 H-2　IR21××系列引脚功能

功能	引脚号					
	IR2103（S）	IR2110	IR2113	IR2181（3/4）	IR21884（2S）	IR21844（S）
VCC	1	3	3	5	1	7
GND	4	2	2	3	12	5
上管驱动	7	7	7	7	27、23、19	12
下管驱动	5	1	1	4	16、15、14	6

4. TL494 电源 PWM 控制电路

TL494 是美国得州仪器公司专为开关电源研制的振荡控制器。它输出频率固定、脉宽可变的矩形脉冲，控制电源调整管的通断。芯片内的振荡器可工作在主动方式，又可工作在被动方式。被广泛用在电动车有刷速度控制器中。改进型 KA7500B 可以直接代换。封装形式为 16 脚 DIP 双列直插式。

检修要点：

TL494 的⑫脚为电源供电端。当芯片获得供电后，其内部振荡器、基准电压发生器便开始工作。内有欠电压锁定电路，当 V_{cc} 电压小于 4.9V 时，停止输出脉冲；当 V_{cc} 大于 6.43V 时，开始输出脉冲。TL494 是具有单端输出和双端输出功能的脉宽调制器，当⑬脚接地时为单端输出方式，当⑬脚接基准 5V 电压时为双端输出（并联推挽式输出）方式，而振荡频率由⑤、⑥脚外接的定时阻容元件决定，内部振荡器起振后，在⑤脚外接的定时电容上产生锯齿波。①、②脚分别为放大器的同相、反相输入端。④脚为死区电平控制器，又是保护电路的关键测试点。正常情况下，④脚电压为低电平（0.4V 以下）。当由于某种原因使④脚为高电平（4V 以上）时，TL494 通过内部死区时间比较器关闭⑨、⑩脚的输出，从而起到保护的作用。

5. TL431

TL431 是美国得州仪器公司（TI）生产的一款有良好热稳定性能的三端可调输出并联精密稳压器。其外形和三极管相似，它的输出电压用取样端两个电阻就可以在 V_{ref}（2.5V）到 36V 范围内任意地设置到任何值。常用的有三个电极：阴极 K、阳极 A、基准极 R，在应用电路中阳极接地，阴极接 2.5～36V 电压。TL431 在开关电源中常可用作误差取样放大器。

参 考 文 献

[1] 刘遂俊. 电动自行车/三轮车电气故障诊断与排除实例精选 [M]. 北京：机械工业出版社，2014.

[2] 刘遂俊. 实用电动自行车充电器控制器原理与维修 [M]. 北京：机械工业出版社，2008.

[3] 刘遂俊. 学修新款电动自行车与三轮车 [M]. 2 版. 北京：电子工业出版社，2013.

[4] 刘遂俊. 学修充电器控制器与电动机 [M]. 北京：电子工业出版社，2009.

[5] 刘遂俊. 图解充电器控制器维修全流程 [M]. 北京：电子工业出版社，2010.

[6] 刘遂俊. 电动自行车/三轮车精修名师 1 对 1 培训教程 [M]. 北京：化学工业出版社，2013.

读者需求调查表

亲爱的读者朋友：

您好！为了提升我们图书出版工作的有效性，为您提供更好的图书产品和服务，我们进行此次关于读者需求的调研活动，恳请您在百忙之中予以协助，留下您宝贵的意见与建议！

个人信息

姓名：		出生年月：		学历：	
联系电话：		手机：		E – mail：	
工作单位：		职务：			
通讯地址：		邮编：			

1. 您感兴趣的科技类图书有哪些？

□自动化技术 □电工技术 □电力技术 □电子技术 □仪器仪表 □建筑电气
□其他（ ）以上各大类中您最关心的细分技术（如 PLC）是：（ ）

2. 您关注的图书类型有：

□技术手册 □产品手册 □基础入门 □产品应用 □产品设计 □维修维护
□技能培训 □技能技巧 □识图读图 □技术原理 □实操 □应用软件
□其他（ ）

3. 您最喜欢的图书叙述形式：

□问答型 □论述型 □实例型 □图文对照 □图表 □其他（ ）

4. 您最喜欢的图书开本：

□口袋本 □32 开 □B5 □16 开 □图册 □其他（ ）

5. 图书信息获得渠道：

□图书征订单 □图书目录 □书店查询 □书店广告 □网络书店 □专业网站
□专业杂志 □专业报纸 □专业会议 □朋友介绍 □其他（ ）

6. 购书途径：

□书店 □网站 □出版社 □单位集中采购 □其他（ ）

7. 您认为图书的合理价位是（元/册）：

手册（ ） 图册（ ） 技术应用（ ） 技能培训（ ） 基础入门（ ） 其他（ ）

8. 每年购书费用：

□100 元以下 □101～200 元 □201～300 元 □300 元以上

9. 您是否有本专业的写作计划？

□否 □是（具体情况： ）

非常感谢您对我们的支持，如果您还有什么问题欢迎和我们联系沟通！

地址：北京市西城区百万庄大街 22 号 机械工业出版社电工电子分社 邮编：100037
联系人：张俊红 联系电话：13520543780 传真：010 – 68326336
电子邮箱：buptzjh@163.com（可来信索取本表电子版）

读者需求调查表

姓名：		出生年月：		职称/职务：		专业：	
单位：				E-mail：			
通讯地址：						邮政编码：	
联系电话：			研究方向及教学科目：				

个人简历（毕业院校、专业、从事过的以及正在从事的项目、发表过的论文）

您近期的写作计划有：

您推荐的国外原版图书有：

您认为目前市场上最缺乏的图书及类型有：

地址：北京市西城区百万庄大街 22 号　机械工业出版社电工电子分社

邮编：100037　网址：www.cmpbook.com

联系人：张俊红　电话：13520543780　010-68326336（传真）

E-mail：buptzjh@163.com（可来信索取本表电子版）